ESCUCHA TU niño interior

NURIA CANDELAS RUIZ

ESCUCHA TU niño interior

¡Las 7 claves para sanar las heridas de tu infancia y ser un adulto más feliz!

Título: *Escucha tu niño interior*
© 2020, Nuria Candelas Ruiz

Autoedición y Diseño: 2020, Nuria Candelas Ruiz

Primera edición: julio de 2020
ISBN-13: 978-84-18489-07-5

¡DISFRUTA DE ESTE MARAVILLOSO VIAJE, JUNTO A TU NIÑO!

Recuerda siempre una cosa:

"Somos Seres Espirituales, viviendo una Experiencia Terrenal".

¡¡¡ALABANZAS LECTORES DE "ESCUCHA TU NIÑO INTERIOR!!!

¡Queridos GUERREROS!, Aquí os paso unas **"Alabanzas"** que me han dedicado un pequeño grupo de personas, ya que, al ser mi primer libro, y no haber vendido ninguno aún, quise compartir un pequeño texto de éste maravilloso libro y que me compartieran su opinión.

Les pedí a estas grandes personas, que me compartieran que es lo que les trasmitía ese pequeño texto, y que conectaran con su corazón, para así, yo poder transmitíroslo a todos vosotros.

Y aquí, las "ALABANZAS", de ellos para mí…

"Nada más leer este pequeño texto, me transmite buenas sensaciones, y con ganas de comprarlo, porque te puede ayudar a tu día a día.

Hace unos años, tuve que acudir a una amiga terapeuta para trabajar mi niño interior y me hubiera servido como complemento en ese momento, por eso lo recomiendo a esas personas, que estén pasando por esa etapa de su vida"

Carlos González

"Profunda reflexión….

A veces, necesitamos que alguien nos guíe para llegar a la verdad, de nuestra sanación y poder así evolucionar y tomar conciencia de nuestros bloqueos y heridas enquistadas.

Es gracias a ello, que podemos darnos cuenta de esa verdad"

Carmen Jiménez

"Nuria Candelas Ruiz, me ha hecho conseguir llegar a integrar esta verdad: la verdad de que tenemos que vaciar y clasificar nuestro disco duro, nuestro subconsciente, que és donde grabamos nuestras experiencias y las emociones que sentimos. Y para poder borrar o clasificar estas experiencias, primero tenemos que empezar por la base, se tiene que sanar nuestro niño interior".

Elena Pascual

"Con el trocito de texto, que Nuria Candelas Ruiz me ha compartido, he sentido una **GRAN VERDAD.** Y esa gran verdad, es que, la Auténtica MAESTRÍA en nuestra vida, es el AMOR INCONDICIONAL Y DESINTERESADO, de dar y no esperar nada a cambio. Me ha mostrado, que una vez se sana ese Niño Interior, se llega a esa gran verdad, porque te LIBERA Y DEJA ESPACIO PARA ESE AMOR INCONDICIONAL Y DESINTERESADO.

Rocío Pérez

Dedicado a TI, querido lector…

Cuídate a ti mismo, nutre tu Alma, trátate con cariño
y atención, pero sobre todo…Escucha tú Corazón.

AGRADECIMIENTOS:

Agradezco en primer lugar, a mis Guías Espirituales y a Dios Padre, por la oportunidad de sostenerme, ampararme y guiarme, desde el canal y la Fuente Divina. Desde lo más profundo de mi corazón, sale ésta inspiración a escribir éste libro o Guía para ti… en señal de mi Amor Incondicional y Ayuda, a todos mis hermanos de LUZ.

Agradezco también, a las dos personas tan maravillosas que me dieron la vida, mi madre y mi padre. Sin ellos, yo no estaría aquí. OS AMO.

A mi hermano de sangre, por enseñarme tanto y a su manera, estar…TE AMO.

A mis abuelos maternos, paternos y Ancestros. Sobre todo a mi abuelo Diego, Él fue, el que me mostró mi camino a seguir. OS AMO.

A mi querida Nuka, mi "peludita negra, de amor incondicional", que dio su vida por mí. Dicen que los perros, son Almas muy Evolucionadas en un cuerpecito de animal, y yo, lo puedo asegurar. A mi Ángel Deva, "mi otra peludita" y mi "Shiva", mi felina favorita. OS AMO

A mis amigos y amigas, a los que están, y a los que salieron de mi vida, pero me enseñaron tanto…Gracias, OS AMO.

Y sobre todo, a Carlos, un SER HUMILDE y mi pareja durante 25 años, Y MAESTRO DE VIDA, ME ENSEÑAS TANTO... GRACIAS, TE AMO.

GRACIAS,GRACIAS,GRACIAS.

¡¡¡AYÚDAME A QUE ESTE LIBRO, PUEDA AYUDAR A MILLONES DE PERSONAS DE TODO EL MUNDO!!!

¡¡¡Envíame, por favor, una fotografía donde aparezcas con éste libro o con tu testimonio al finalizar su lectura.!!! Con este gesto, podré compartirlo en todas mis redes sociales y web, y poder llegar a AYUDAR DE ESA MANERA a más personas.

Puedes enviármela al email: mabel1@hotmail.com

Ó bien, al número de whatssap: 636920639

Así mismo, puedes seguirme en:

 Nuria Candelas Ruiz

 Nuria Candelas Ruiz

 Nuria Candelas Ruiz

www.nuriacandelasruiz.com/

¡¡¡ENHORABUENA GUERRERO INCANSABLE!!!

OBJETIVO DE ESTE LIBRO

Sólo por el hecho de que hayas dado el paso a comprar éste libro, ya te puedes sentir muy orgulloso de ti mismo.

No todo el mundo, se "atreve", o le apetece enfrentarse a su realidad, una realidad que seguramente no ha sido nada fácil, y que carga una mochila de peso emocional importante, que se resiste en el tiempo, hasta que ya, no podemos más.

Mi objetivo con éste libro, es ayudarte a tomar conciencia, de: ¿En qué punto de tu relación con tu niñ@ interior estás?, y de cómo ayudarte, con varias claves, que bajo mi experiencia en primera persona, y a lo largo de los años, a base de trabajarme a mí, y a mi "sombra", me han dado muy buenos resultados y me han ayudado a estar en el punto en el que me encuentro hoy…FELIZ, EN PAZ, Y CON LA CONCIENCIA MUY TRANQUILA.

Si éste libro, te llamó, es porque estás en el momento adecuado y en el lugar correcto para llevar a cabo esta evolución para tu ALMA, que seguro, anhela sentir ese AMOR INCONDICIONAL QUE SOMOS POR ESENCIA.

ÍNDICE

¿QUIÉN ES NURIA CANDELAS RUIZ?

Alguna vez, te preguntaste de pequeño:
¿Quién SOY YO?

Cada vez que me hacía esa pregunta, a mis 6 años, recuerdo un vacío enorme por mi cuerpo. Una sensación que me inmovilizaba, y me dejaba casi, sin respiración, algo, que no puedo explicar con palabras, pero que si habéis experimentado, sabréis de lo que hablo.

Era una sensación, parecida a desdoblarte y poder ver por separado, mi Alma y mi cuerpo físico, con su identidad y personalidad.

A veces, me daba miedo volver a hacer la pregunta, otras veces me quedaba ahí…en el momento, experimentando, haber qué más podía ocurrir. Pero nunca sacaba nada en claro…era una niña muy pequeña para comprender lo que me pasaba.

Con el transcurso de los años, empecé a experimentar otra serie de situaciones, no tan agradables para mí.

Conforme me hacía mayor, a la edad de 8 años, recuerdo la pesadilla diaria, que era para mí, ir cada noche a dormir. Vivíamos en un piso pequeño y humilde, de un pueblo a 20 minutos de Barcelona. Un piso, de los de antes, con recibidor, comedor con salida a un pequeño balcón y cocina, y una puerta que separaba la zona de día, con la zona de noche, o sea, las habitaciones y el baño.

Mis padres fueron dos personas humildes y muy trabajadoras. Mi madre, en el momento de tener a mi hermano, que es, cuatro años mayor que yo, dejó de trabajar para criar a sus hijos. Todo un lujo en aquellos tiempos.

Pero mi padre, asumió la responsabilidad de tener que trabajar más horas y en diferentes sitios, para poder mantenernos y poder llegar a final de mes, cubriendo los gastos de piso, coche, colegios, ropas, recibos, comida, etc… Lo que le llevó a trabajar, en 3 trabajos, plegaba de uno y se iba a otro.

La educación que recibí de mis padres, fue una educación estricta, respetuosa, y me atrevería a decir, que con una parte machista, pero en aquella época era lo "normal".

Por entonces, las mujeres, servían el plato de comida al hombre, se lo quitaban, ponían la mesa, la recogían, llevaban todas las tareas de la casa, llevaban los hijos al colegio, los iban a buscar, se cuidaban de ellos en todos los aspectos, iban a comprar, y estaban predispuestas al sexo, cuando la ocasión se presentaba, en resumen, el hombre trabajaba y la mujer, hacía el resto.

Recuerdo, que en aquellos años, poder tomar un refresco, o comer un trozo de pan con nocilla, era todo un lujo. Solo se podía hacer los fines de semana, y no siempre, por tema económico.

En aquella época, al salir del colegio, íbamos al parque a jugar a los columpios o se jugaba en la calle, a la "charranca", las "gomas", "el escondite", "al bote", "las canicas", entre otros muchísimos más, que podría estar nombrando.

No existía el teléfono móvil, se utilizaban las cabinas telefónicas y cuando salías de viaje, si había alguna avería, esperabas a alguien que se quisiera parar, o al primer puesto de emergencia SOS, en el que había un teléfono para poder llamar a una grúa o asistencia.

Parece que hable de 100 años atrás mínimo, pero no… de esto, sólo hacen 30 años. La vida, la sociedad, el ecosistema, la conciencia, todo…ha dado un giro, exageradamente rápido, que cuesta aún digerir.

Yo soy, de la generación del 1977, tengo 42 años, y si nos cuesta a nosotros, imaginaros a nuestros padres, abuelos y otras generaciones.

Retomando de nuevo, la edad de 8 años, y la situación que se repetía, una y otra vez, todas las noches a la hora de ir a dormir, y que para mí, era una pesadilla diaria…

Mi madre no nos dejaba acostarnos más tarde de las 00h de la noche, o sea, que a las 22h como muy tarde, ya estábamos camino a la cama para madrugar al día siguiente, a veces a las 21h.

Si un día por casualidad, nos dejaba estar a las 00h o más, era puntual, por alguna película o reunión familiar, pero era algo excepcional.

Normalmente, me despedía de mi padre y de mi madre en el comedor, dándoles un beso a cada uno, y me iba sola a dormir.

En el momento que cogía camino pasillo adelante, mi madre cerraba tras de mí, la puerta que comunicaba el comedor y la zona de noche, y en aquel momento, me sentía sola, desamparada, envuelta en un silencio estremecedor, dónde muy de fondo, se escuchaba a penas la televisión.

Me acompañaba siempre, mi querido peluche "elefantito", que como su nombre se refiere, era un elefante de color verde y azul marino, relleno de unas bolitas minúsculas, que al cogerlo, relajaban un montón…(no me acuerdo que fue de él, creo, que lo tuve que tirar por desgaste, después de muchos años de complicidad y uso). Pero aún a día de hoy, lo recuerdo como si fuera ayer…recuerdo hasta su olor y textura.

Cómo os decía, allí estaba yo y mi elefantito, como cada noche, frente a la situación más incómoda para mí.

El recorrido era el siguiente: la puerta del pasillo cerrada tras de mí, en frente, la puerta del servicio y haciendo un giro a la derecha, encontraba la primera puerta de una de las tres habitaciones, la de mi hermano.

Seguidamente, a mano derecha estaba la habitación de mis padres, por dónde temía pasar… Era llegar a aquel punto, y me empezaba a recorrer por el cuerpo un frío estremecedor, que no era acorde con la temperatura de la vivienda.

Llegaba a aquella puerta, y sentía, como si alguien estuviera detrás de mí, me sentía observada, no estaba sola… Había veces, que miraba al interior de la habitación, y podía ver, una sombra negra, que se desplazaba de una esquina a otra, a la velocidad de la luz, y allí, se quedaba supuestamente. Había noches, que no quería mirar, y era más feliz pensando que eran tonterías.

Finalizado mi recorrido, llegaba a mi destino y paraíso particular, mi habitación.

Lo convertía en mi paraíso, porque la mayoría de las noches, dormía con la cabeza bajo las sábanas, ya que, si dejaba la puerta abierta, las vistas que tenía, era a aquel largo pasillo oscuro, dónde en cualquier momento, podía aparecer aquella sombra desconocida.

Había noches, que me ponía de espaldas a la puerta, y me despertaba de madrugada, con el impacto seco, de un golpe en mi espalda. Me giraba, y allí no había nadie. Me quería morir…

Yo me preguntaba: ¿qué quiere de mí?, ¿habré hecho algo mal?,…y así, infinitas preguntas. Sólo era una niña de 6 años, tímida, de mirada triste, llena de amor, inofensiva, y con muchísimo miedo.

Mi madre dice, que había noches, que me levantaba por el piso, y quería irme, que era "sonámbula". Incluso, me explicaba, que en ocasiones, hablaba "otros idiomas", o me encontraba atravesada en horizontal en la cama dormida, y amanecía así por la mañana, cuando iba a despertarme.

Yo, recuerdo que era una niña muy bonita, rubia, de ojos grandes y claros, pelo color dorado y muy blanquita de piel.

Siempre me sentía sola, y el sentimiento que más me invadía, era la tristeza.

En aquel momento, no lo podía entender, porque no tenía esa conciencia, pero todo, tenía un por qué.

Recuerdo, además, que siempre estaba enferma, y muy delgada y la piel amarillenta, (se le llama: ictericia), y era debido a que, a menudo sufría de hepatitis y niveles descompensados de acetona.

¿Si hubiera sabido entonces, que mi cuerpo físico estaba somatizando? Pero en ese momento, era necesario vivirlo así, para más adelante, entenderlo todo. Era perfecto, aunque no lo entendiera.

Era una época, en la que, cuando salías a comprar con tu madre, que casi siempre eran los viernes…jajajaj, me río, porque, los viernes, era el día que se iba a compra, el día que se cambiaban las sábanas de la cama, y el día que nos hacíamos ducha completa y lavábamos el pelo.¡¡¡ Era como el fin del mundo!!!, ¡¡¡pero lo hacían todos!!!! Éramos un inmenso grupo de ovejas en rebaño, dirigiéndonos todos en la misma dirección, todos hacíamos lo mismo, vestíamos igual, íbamos peinados idénticos, y veíamos la misma programación televisiva…increíble.

Para colmo, todo el mundo sabía la vida del otro, y los chismes, estaban a la orden del día.

Entonces se oía mucho lo del: "mal de ojo", "culebrilla", etc…

Yo recuerdo, salir con mi madre de la mano, y pararse mi madre a hablar con alguna vecina o mujer mayor, y decirle: ¡Qué niña más bonita, y qué carita de Ángel!, mientras te pasaban la mano por la cara o la cabeza. Y qué casualidad, que a los pocos días, estaba enferma.

Después de seguimientos médicos, y medicación extrema, sin resultados demasiado positivos, tenía que acabar acudiendo a la "curandera del pueblo". Diagnóstico: "mal de ojo".

Parece que esté viendo a aquella mujer bajita, entrada en quilos, con el pelo gris y rizado, y con unos ojos avispados que no dejaba de hacerme cruces con ceniza, en la frente mientras rezaba sus peticiones, para mí, y acababa diciéndole a mi madre: "esta niña tiene mucha Luz, y se la tiene que proteger, ya que, las personas que están mal, se alimentan de su Luz y su energía, provocándole la enfermedad.

Hay personas que son conscientes de éste hecho, y las hay, que no son conscientes, de que son vampiros energéticos.

Por entonces, un puño negro, engarzado a una cadena colgado al cuello, ó una cruz de Caravaca, era suficiente para estar protegido del "mal de ojo".

Llevar aquello colgado al cuello, me recordaba a mis 6 años, que la gente no me quería bien… y yo, me preguntaba, ¿porqué?... De nuevo, me volvía a hacer esa pregunta.

Antes de entrar más en materia, me voy a presentar como Dios manda.

Me llamo Nuria Candelas Ruiz, nací un 19 de Julio del año 1977, en un pueblo llamado Granollers.

Soy catalana, y de padres andaluces. Tengo un hermano 4 años mayor que yo, César.

En la actualidad, vivo con Carlos, mi compañero de vida, durante 25 años, y con el que tengo una relación maravillosa… Él, es mi MAESTRO, y me muestra a diario mis ejercicios, me hace de espejo, de hecho, mi próximo libro, va a estar escrito bajo la experiencia en primera persona, de lo importante que es sanar tu niño interior, para poder vivir armoniosamente en pareja, y como los conflictos, están conectados a las heridas de la infancia é interfieren en la convivencia de las parejas hoy en día.

Es alucinante, la conexión que hay con éstas memorias, lo que muchas veces se deja ir por no tener esta información,(en relaciones amorosas, o familiares, o de amistad, me refiero), y lo sencillo que es, solucionarlo, cuando se tiene la información correcta y se pone en práctica, tomando conciencia é integrando la gran VERDAD.

El Maestro Jesús, decía: "Y CONOCERÉIS LA VERDAD, Y LA VERDAD OS HARÁ LIBRES".

Y así es…

Momento de reflexión

Cómo dijo mi abuelito Diego, antes de su fallecimiento, y no se equivocó, llevo dedicada a ayudar a las personas 26 años.

Cuando tenía 6 años, le pedía a mis padres para los Reyes Magos, un kit de enfermería, para poder asistir a los miembros de la familia y amigos, que se pusieran enfermos, ¡¡jajaja!.

Recuerdo que decía: "Quiero ser como esa monjita que ayuda a los pobres y sale en la tele, y me refería, como no, *(a la Madre Teresa de Calcuta: ¡qué Ángel en la tierra!).*

También decía, que nunca me iba a casar, porque si tenía que ayudar a los demás, no podía estar casada, necesitaba estar libre y por ello, decidiría ser monja… En aquel momento, aquella era mi realidad.

Mi aventura en estar al Servicio de las personas, inicia a la edad de 13 años. Cuando en aquel momento yo estudiaba en un colegio privado de Monjas Teatinas. Dicho grupo de monjas, solían hacer voluntariados temporales, por algunos centros de Barcelona, durante los fines de semana, y el que quería apuntarse a ir, podía hacerlo libremente.

A mí, me pareció una extraordinaria idea… ¡¡¡Iba a hacer voluntariado, yupiiiiii!!!. Pero en realidad, no sabía lo que me esperaba. Mi Alma sí sabía lo que me esperaba, pero mi mente no.

Después de que mis padres, dieran el visto bueno, al voluntariado, llega el día tan esperado y ansiado por mí. Desde luego, pensaba yo, en lugar de estar jugando un sábado en la calle con las amigas, decido irme con las monjas de mi colegio, de voluntaria, sin cobrar y a la aventura: "yo no estoy bien, pensaba…"

Pero aún así, "para adelante como los de Alicante".

¡Mi primera vez, que montaba en tren, y en autobús por Barcelona!. Mi cara era un poema, me pegué al cristal de la ventanilla del autobús, y para mí, era como viajar muy lejos por el mundo…lo veía todo muy magnificado, olores nuevos, ruidos, escenas callejeras, mucha gente… no podía dar a vasto a todo lo que veía, y eso, que mi aventura acababa de empezar.

Después de una hora y media de aventura, entre tren y autobús, llegamos a nuestro destino. Dos enormes edificios pareados, de tres plantas cada uno, si no recuerdo mal, porque hace muchísimos años que no he vuelto, y en cada planta, había una especialidad.

Deciros, que es una Institución, dónde las monjitas, viven con toda la **_FE EN DIOS_**, y se sostienen, de la caridad, y los voluntariados y la buena voluntad de las personas. Allí viven en un ámbito familiar, las monjas y las personas más pobres ó enfermos que no tienen cura. Por respeto a esas personas, no voy a decir el nombre del Centro, sólo de manera privada, daré dicha información, por si alguien está interesado en colaborar o ayudar de manera altruista y voluntaria.

Recuerdo, que lo primero que hicimos, fue esperar en un recibidor, dónde el olor a medicamentos y sopa, se mezclaban.

En seguida vino una monjita y nos dijo: "Bienvenidos a vuestra casa, espero que vuestra estancia aquí, sea agradable y llevadera. Si alguien no se siente cómodo, es libre de salir del edificio, y ahora, decidme cuántos sois, para traeros una bata.

Y yo pensé…. ¿una bata?, ¿para qué?

¡Ya os digo, que no era consciente de dónde me había metido!

Esto va en serio, me decía todo el rato mi mente. Y me empecé a incomodar un poco, la verdad.

Pero aún así, no quería que nada ni nadie me frenara, había llegado allí por algo, y quería descubrir el qué. Nos pusimos las batas, y para mí, aquello era como ponerme una capa de salvación, que me daba fuerza y poder, para ayudar a los demás.

En seguida nos dirigimos a conocer a las personas que allí vivían, y lo que más me impactó, fue el hecho de ver a tantas personas en un mismo espacio, enfermas, o pobres, pero alegres y expectantes, por nuestra llegada.

Habían quien tenía deformidades físicas, otras mentales, y otras, simplemente vivían allí porque no tenían a nadie, ni tampoco solvencia económica. Lo que más me impactó, las diferencias de edades. Yo pensaba, que los niños no sufrían, y que no existían niños con enfermedades tan extremas, sinceramente, pero, os puedo asegurar, que la realidad supera la ficción.

Me marcó muchísimo ese aspecto, y ver personas, que les podía faltar un miembro de su cuerpo, o tener varias deformidades físicas, que algunas realmente, ¡eran muy impactantes!

En fin, era y es, una realidad, que muchos no saben que existe, pero sobre todo, fue y será, una lección de AMOR INCONDICIONAL, no de mí hacia ellos, al contrario, de todos ellos, hacia mí, GRACIAS, GRACIAS,GRACIAS.

Al salir del recinto, lo primero que hice, fue coger aire y explotar a llorar. No podía aguantar más, las lágrimas y la emoción. Fue un impacto para mí y muchos de mis compañeros. Os puedo decir, que estuve una semana sin comer a penas, de la tristeza que tenía en mi cuerpo.

Pero, aquella sensación fue pasando con el tiempo, y cada vez, iba más segura, tranquila y feliz por mi voluntariado.

Al año, dejamos de ir ése grupo, ya que, había sido el último año de la EGB, y ya, hacíamos cambio al Instituto. Dejábamos atrás, una experiencia maravillosa, de la cual no tengo palabras para describir, y una gran **_FAMILIA DE CORAZONES PUROS DE AMOR_**.

Se cerraba esa etapa, y se iniciaba otra muy diferente de Instituto, cambio muy heavy, porque te crees que eres mayor para hacer de todo, y eres un renacuajo

Ahí empiezan las inquietudes por el tabaco, las drogas, los amores, nuevos amigos, querer destacar entre tus compañeros, cuidar tu imagen y maquillarte y no engordar, y lo que menos, estudiar.

Cambio, que yo noté muchísimo, ya que, del colegio salí con un carácter más bien tímido, y acomplejada por mis quilos de más, que se resistían a bajar. Era de las pocas chicas de la clase, que estaba más desarrollada, y ya os podéis imaginar, lo que eso significa, en un grupo mixto, dónde hay niños en plena pubertad, con el acné a flor de piel, y el gallo en la garganta porque no han cambiado la voz aún… jajaja.

Pues lo que pasa, es que el cachondeo está asegurado. Comentarios que recibes, que te quedan grabados en el Alma y duelen mucho. Pero es la edad del "pavo", y era lo que había.

Pues lo que os decía, imaginaros el cambio al llegar al Instituto, y ver chicas maquilladas, niños con sus ciclomotores todo chulillos, vestimenta totalmente diferente a lo que había llevado anteriormente... Era la época que se empezaban a llevar las cazadoras roqueras de piel y por otro lado, la moda de los "pelaíllos", con las chaquetas "bomber", zapatos de punta de hierro y cabeza rapada, dos modas muy diferentes.

Íbamos a todo, menos a estudiar, por lo menos, la mayoría. Yo, ahí, empecé a cambiar mi look, adelgacé en pocos meses y empecé a volverme un poco macarrilla. Al principio, seguía las clases, pero a los pocos meses, para mí, era una cruz...Estaba estudiando algo que no me gustaba nada, Aux.de Administrativo, pero era estudiar eso, o nada, hasta poder acceder a lo que a mí, realmente me gustaba, Aux.de Enfermería.

La mayoría de los días, era pasar el tiempo como podía, pero con 11 asignaturas, ¡qué barbaridad! Las campanas estaban aseguradas, y lo que hacíamos, era ir a beber cerveza al campo y dormir la torrija al sol...¡jajaja!

Ahora sí, luego venían las notas de ausencia por correo a casa, del profesor a tu padre y ahí, te temblaban las piernas. Pero ya estaba hecho. Era muy complicado aprovechar el tiempo en algo que no te gustaba, y dónde los amigos eran escasos y cambiantes, ya que, muchos no llegaban ni a mitad de curso, porque les podía la presión.

Para mí, fueron 3 años bastante complicados. El primer año, me quedaron 10 asignaturas suspendidas de 11, imaginaros...

El segundo año, me tuve que poner las pilas, y sí o sí, hacer que me gustara lo que hacía, porque no había otra cosa. Cambié el "chip", porque si no, caía en una depresión.

Empecé a juntarme con otros amigos, lo cual me costó una barbaridad, porque en mi casa, las normas eran muy estrictas, y eso significaba, que si mis amigos salían al cine, a la discoteca, o a dar una vuelta por ahí, yo, la mitad de las veces no podía ir, porque no me dejaban, mis padres decían que ya tendría tiempo de salir y cansarme de ello.

Me pasaba el año esperando que llegara la fiesta Mayor de mi pueblo, porque era dónde me dejaban salir. Esos días de fiesta, lo daba todo jajaja. Por esa época, yo tendría 16 años, y os puedo asegurar, que no tiene nada que ver, con los 16 años de la juventud de hoy en día. Normalmente salía con amigas del pueblo, que tenían un perfil familiar similar al mío, y eso me consolaba.

Ése año, físicamente hice un cambio a mejor, me adelgacé bastante y empecé a sentirme mejor conmigo misma. También tenía más interés por fijarme en los chicos del Instituto y empecé a abrirme un poco a la hora de conversar y relacionarme, ya que, mis padres siempre me decían que entre hombre y mujeres, no había amigos, y eso me frenaba bastante...lo que es el subconsciente, y la mente guardan a lo que patrones mentales se refiere.

Antes, no podías debatirles nada a tus padres por respeto, o pánico, mejor dicho, a que te dieran una torta bien dada por contestar.

Me acuerdo, que mi padre, cuando se enfadaba y fruncía el ceño, tenía que callarme ó había un azote en el culo o una sacudida, como decía él… Una sacudida, que te dejaba temblando.

Hemos pasado de tenerles respeto ó pánico a los padres y superiores, a pasar de todo, y faltar el respeto y creernos con el derecho de poder expresarnos como nos da la gana, en la mayoría de las ocasiones, sin tener un punto medio de comprensión.

No digo que sea todo el mundo que actúe así, pero podéis ver, en la actualidad, como los profesores, en algunos centros temen a los alumnos por miedo a que los puedan denunciar por una palabra mal dicha o un hecho que no es relevante.

Y como antes, en mi caso, las monjas te podían tirar de las orejas, pegar una ostia bien dada en la cara y castigarte contra la pared, y estaban en su derecho.

Empecé a tener "novietes ó rollos", mejor dicho y ése hecho, me ayudó a subir mi autoestima y tener ilusión porque llegara el fin de semana, comprarme ropa, arreglarme y salir con mis amigas.

A las 22h en punto, tenía que estar en casa, y si no era así y me retrasaba en el tiempo de llegada, al fin de semana siguiente, no salía. A mí, ya me iba bien salir aunque fuera los sábados, algo es algo, pensaba…No como ahora, que la mayoría de la juventud sale todos los días. ¡¡¡Cómo ha cambiado todo madre mía!!!

Parece que fue ayer, cuando llamaba a mi abuelo desde aquí, al pueblo, y lo llamaba desde la cabina

telefónica, con 25 pesetas, y cuando empezaba a pitar el teléfono, tenía que decirle: "yayo, que esto empieza a pitar, y sólo avisa tres veces, me tengo que despedir, te llamaré el fin de semana que viene"…y se cortaba la llamada.

Te quedabas con la sensación de haber querido hablar más rato, pero el presupuesto era el que era, y ya está.

El primer móvil que tuve, era tan grande y pesaba tantísimo, que era incómodo de llevar. Era del tamaño de un vaso de cubata y la batería, ya ni te digo, pesaba como un ladrillo.

Diréis, ¿qué tiene que ver todo esto con la sanación del niño interior? ¡Pues mucho!

Cuando escribes sobre tu vida, y vuelves atrás en el tiempo, te van viniendo recuerdos que ni si quiera te acordabas que habían estado ahí.

Empiezas a recordar olores, sensaciones, muchas emociones que se habían quedado enquistadas en el subconsciente, y recuerdos maravillosos y no tanto, pero de gran aprendizaje, que pasan a ser, esas maravillosas herramientas, que hoy en día, me han marcado una puerta de liberación, sanación y felicidad, a la mujer adulta que soy.

Esas herramientas serán las encargadas de ayudar a miles de personas que sientan desde lo más profundo de su Alma, que tienen que recibirlas para liberar y soltar, para dejar espacio a su adulto feliz y su mejor versión como persona, ***AQUÍ Y AHORA.***

Pero todo tiene un proceso, y un orden, y es necesario que sepáis qué tenéis en vuestras manos y quien lo escribe.

Por lo menos, tenéis derecho a saber un poquito de mí, ya que, estáis depositando toda la confianza en mí, cuando estáis comprando éste libro, y os decidís a leerlo, porque en el momento que lo viste en la librería y lo cogiste, sentiste que te podría ayudar, aportar o sumar en tu vida… Qué mínimo que tener pinceladas mías, para poder ponerme cara con más certeza, ¿verdad?.

Al igual, que muchos, conectareis con la misma época que yo viví, y necesitaréis tener momentos de reflexión para integrar esas emociones de nuevo…es perfecto, tómate tu tiempo e integra desde el **_AMOR._**

Yo, muchos días, no podía escribir, porque los recuerdos que me venían mientras escribía, apenas los recordaba ya, y venían otros, que me hacían sentir melancólica o triste. Había días, que no podía escribir, porque necesitaba mi tiempo de duelo y desapego de la emoción.

Necesitaba sentirla de nuevo, llorarla, ó incluso, disfrutarla como esa niña que fui en ese momento, y revivirlo desde la inocencia, que parece, que hemos olvidado.

Descubrí, que mi niña interior, siempre había estado ahí, y que persistía en los años, porque nunca desaparece, simplemente olvidamos a nuestros niños, porque el paso del tiempo nos hace tomar una personalidad que nos invade y se apodera, haciéndonos sentir adultos y con la falsa información, de que la inocencia del día que fuimos niños, desaparece y estamos "obligados", a seguir otro rol.

Cuando finalicé los estudios del Instituto de Aux.Administrativa, después de tres años, porque el primer curso tuve que repetir, como os expliqué, por fin, pude acceder a estudiar lo que más me gustaba: Auxiliar de Enfermería.

Por fin, iba a estudiar algo, que tenía sentido para mí y la ayuda que quería aportar a la humanidad.

Gracias a mis padres, que pudieron pagarme la Academia Privada, con todo el esfuerzo que eso les supuso, pude llevar a término con Éxito mis estudios y aprobar a la primera, para empezar a ejercer en mi propósito.

Al finalizar los estudios, nos dieron la oportunidad de hacer prácticas en el Hospital más cercano. Una experiencia, enriquecedora y al mismo tiempo, de gran calibre emocional y de aprendizaje y crecimiento personal.

Cuando hicieron el reparto de prácticas, a cada uno de nosotros nos tocaba una especialidad distinta. ¿Sabéis que especialidad me tocó a mí?, ONCOLO-GÍA. Yo, al principio no sabía que era, pero con sólo ver el gesto que hicieron todas mis compañeras al nombrarlo y que me lo habían destinado a mí, pensé: "algo se me está escapando y creo, que no es bueno, jajajaja".

Qué ignorancia la mía. Cuando fue un regalo, poder vivir en mi piel, la experiencia, de poder ayudar a enfermos en fase terminal, o de recuperación de una enfermedad, que se llama Cáncer. Una enfermedad, que me gustaría hacer inca pié, de cómo afecta a nivel psicosomático y emocional, porque lo creáis ó no, todas las enfermedades, son somatizadas por una emoción o varias, y ya explicaré, que significa todo esto.

La enfermedad del Cáncer, afecta a nivel emocional, o psicosomático, cuando una persona recibe una noticia de alto impacto emocional, que le deja en "shock" y le marca a nivel personal, causando así, con el tiempo la enfermedad. La mente envía el mensaje al cuerpo, para que escuchemos que nos ocurre, a nivel emocional.

El cuerpo hace de mensajero, mostrando la verdad, de lo que está "enquistado" y no se ha superado y que hay que ponerle atención, porque de otra forma, el final puede ser la muerte.

Ahí, inicio mi recorrido como profesional de la Salud y lo cual me puso con pies firmes en la tierra, y en la realidad que vivimos, que muchas veces no vemos, o ni si quiera sabemos que existe. Una experiencia, que me hizo valorar la salud de mi familia y la mía, y lo poco que la valoramos cuando la tenemos.

Empecé a ver, y tomar conciencia, que los opuestos en la vida, son muy necesarios, y que si alguna vez, no perdemos la salud de alguna manera, no valoramos cuando nos sentimos bien y saludables.

Es triste enfocarlo así, pero el ser humano somos de esa manera de hacer y pensar, por lo general. Normalmente, no valoramos algo, hasta que lo perdemos, pero… ¿a qué precio?

> *Valoramos la felicidad cuando estamos tristes, valoramos el dinero cuando no tenemos, valoramos la salud cuando estamos enfermos, valoramos el amor cuando estamos solos… sólo AQUÍ Y AHORA, es el momento perfecto para vivir, sentir, amar y ser saludable y feliz, ¿ a qué esperas?, ¿a perderlo?.*

Momento de reflexión)

25 AÑOS AYUDANDO A LOS DEMÁS

Cómo os comentaba antes, inicié mi camino profesional, haciendo prácticas en Oncología. Cuando finalizaron las prácticas, no tardé a penas, en encontrar trabajo.

Mi primera oferta laboral, fue para trabajar como Auxiliar de Enfermería, en una Consulta Privada con un médico especialiWsta en Nutrición y Endocrinología. Disfruté muchísimo ese puesto, porque era trabajar de manera muy personalizada y familiar, y podías dar una calidad de servicio a los pacientes.

Seis años, en mi primer trabajo, hasta que, llegó el momento de tomar la decisión de casarme con mi primer novio "formal", y ahí, hubieron cambios, ya que, parte de mi nómina no estaba declarada y en ése momento, a mí me interesaba formalizar esa gestión, por temas legales de cara a un futuro inmediato, una vez que estuviera casada y tuviera que realizar declaración a hacienda, etc…

La sorpresa para mí, es que mi jefa en aquel momento, no aceptó, legalizar mi situación, por interés propio, y tuve que tomar la decisión de marchar, sin derecho a paro, lo que significaba, que después de seis años, tenía que buscarme las castañas de nuevo.

Todo pasa por algo… y se cierra una puerta, pero se abren diez ventanales a la vez, os lo puedo asegurar.

Empecé como una loca a echar Currículum a todos sitios, y en una semana estaba trabajando en una fábrica de automoción. Sólo duré un mes, no pude con el trabajo, sólo visualizarme allí cada día, me daba algo, con todo el respeto y el amor a ese trabajo, pero yo no servía para estar allí. No podía ayudar a nadie, que era lo que a mí me gustaba hacer.

Me fui, y a la semana entré en unos Laboratorios Farmacéuticos, lo cual fue, otro enorme error. Más de lo mismo, o peor, ya que no conecto para nada con los medicamentos y químicos. No me niego por completo, porque no hay que ser radical, pero sólo hago uso de ellos, cuando realmente es algo muy crónico, urgente o necesario.

Duré seis meses y me fui, y eso que ganaba un buen sueldo.

Vuelta a la búsqueda de nuevo… Al mes, hice una entrevista en un Centro Médico que hay a 100 metros de mi casa, vamos, que podía ir rodando. Acepté el puesto como Auxiliar de Enfermería para hacer soporte a los médicos en sus gabinetes. Por fin iba a hacer algo que me gustaba.

A los dos meses de entrar, me pusieron en la recepción del Centro, con la excusa de que había exceso de trabajo y tenía que ayudar a mi Coordinadora. ¿Y qué ocurrió?, pues muy sencillo, que allí me quedé durante 6 años, que fue lo que pude aguantar en ése trabajo.

Resulta, que al ser del pueblo, y conocer al 80% de los pacientes que asistían al Centro, el interés de mi jefe, era que estuviera fuera en recepción, mejor que dentro en gabinetes, y ¿porqué?, porque atraía gente, y eso daba un factor de confianza a los pacientes.

Imaginaros de qué manera me afectó ese proceso durante todos esos años, que me tuvieron que operar de urgencias, las amígdalas y extirpármelas, ya que, tenía tal bloqueo en la garganta y el chakra laríngeo de la comunicación, que casi me cuesta la vida, llegándome la infección de las placas de pus de la garganta a la sangre. Por eso, hago mucho inca pié en que las enfermedades son emociones bloqueadas y es así, lo queramos ó no.

Propuse a mi jefe, un cambio y que llevara a cabo el trato que hicimos en la entrevista, pero no quiso. De nuevo, se volvía a repetir la misma situación que en mi primer trabajo, mi jefe sólo miraba su interés propio y lo que le llenaba los bolsillos, independientemente de los sentimientos que yo pudiera tener. Fue y és una gran persona, pero en ese momento, pensó como empresario. Lo respeté, y tomé la decisión de irme.

Y vosotros diréis… ¿alguna vez vas a hacer lo que le gusta?

Todo llega, queridos lectores.

Me pasé dos semanas desesperada, buscando trabajo, en Hospitales, Residencias, Consultas, etc…

Y a la tercera semana de búsqueda, me llamaron de una Residencia y Centro de Día para personas con Discapacidad, física y psíquica.

Fui a hacer la entrevista, y la verdad es que, la Coordinadora me encantó. Era una persona abierta, un rollo hippie que a mí, personalmente, me encantaba.

Pues fue tan sencillo, cómo hacer la entrevista, y preguntarme cuál había sido mi primera toma de contacto con personas con Discapacidad, y yo le respondí: "con 13 años, en un Centro de Barcelona", ¿os acordáis?.

Mi respuesta le sorprendió mucho, porque no se hubiera imaginado que una niña con esa edad, pensara en hacer un voluntariado.

Me preguntó si quería ver el Centro, y yo le respondí, ansiosa que siiiiiii.

Hicimos un "tour", por las diferente Áreas de la Residencia, y me gustó lo que fui viendo. Eran Seres maravillosos, que sonreían cuando te veían, no todos, porque habían casos extremos de Usuarios con tetraplejia, autismo, trastornos de conducta, y muchísimos más. Pero yo siempre me quedaba con la energía que ellos desprendían de inocencia, y pureza.

Acabando la visita, la coordinadora me preguntó si quería empezar a trabajar la semana próxima, y sin dudarlo respondí, que me encantaría.

Y así fue, empezaba un nuevo ciclo, lleno de expectativas, ilusión y nerviosismo ante la nueva situación que iniciaba.

Mi horario era de 15h a 22h, de lunes a viernes y un sábado y un domingo al mes, más los festivos que me tocaran por calendario, que íbamos rotando entre las compañeras. El salario 845€, sin (comentarios), pero me podían las ganas de trabajar en ese lugar. Tardé 10 años en llegar a ganar 1.080€, con antigüedad y todo, lo peor pagado, la Sanidad, ya os lo digo.

Y es una profesión que es vocacional, das mucho más de lo que percibes económicamente, pero como tratas con personas enfermas e indefensas, por ahí te chantajean. Les coges tal cariño a esas personas, que las integras en tu vida como si fueran tu familia.

Me costó una barbaridad, no llevarme los problemas y conflictos internos a casa, porque verdaderamente, se vivían situaciones muy complejas y extremas.

Yo siempre digo, que la realidad, supera la ficción y con diferencia, os lo garantizo.

Por respeto a esos Seres de Luz, que son las personas que vivían y viven allí, no daré nombres ni datos que puedan alterar la imagen de ELLOS Y DEL CENTRO.

Sólo puedo compartir mis experiencias, para que tengáis una pequeña idea de lo que ha sido mi camino profesional y mi trayectoria hasta ahora, hasta llegar a la raíz de porqué escribo este libro y llegar a ésas *"¡7 CLAVES QUE TE AYUDARÁN A SANAR LAS HERIDAS DE TU NIÑO INTERIOR, Y PODER SER ASI, UN ADULTO MÁS FELIZ!"*.

Momento de reflexión

Mi aventura en la Residencia de personas con discapacidad, duró 10 años. Pude ver la muerte de esos Seres maravillosos, de cerca, ayudándolos a tener calidad de vida hasta su último suspiro de aliento.

Viví muchas muertes diferentes: por atragantamiento, por cáncer, por enfermedad degenerativa, muertes repentinas, muertes por ictus, y podría nombrar muchísimas más. Cada situación era muy dolorosa, pero os puedo decir, que con el tiempo, empecé a sentir mucha paz, cuando cuidaba de ésas personas. Veía cada vez más sus Almas queriendo partir y no querer sufrir más.

Un día caí en la cuenta, de que casi siempre, estaba yo en los momentos paliativos y de sus rectas finales, en sus últimos días, y empecé a actuar de manera distinta. Una vez terminada mi jornada laboral, cuando mis compañeras se iban a cambiar para irse a casa, yo, me quedaba con ellos, y les rezaba.

Oraba por sus Almas y les Decretaba y pedía a sus Guías Espirituales, que los guiara a la Luz y transmutaran cualquier sufrimiento que pudieran tener. Pedía por una partida del cuerpo físico, de una manera fácil y rápida, y les daba las gracias, por haber sido unos valientes y unos guerreros en esta vida, que ya, estaba más que saldada a nivel kármico para ellos.

Me di cuenta, de que cada vez mi misión era más esa…y me hacía sentir muy en paz, y enfocar la muerte desde otro punto de vista.

Yo siempre decía, que en aquella casa, todo era distinto a cómo vivimos las cosas y las situaciones del día a día, fuera, en la supuesta civilización y realidad.

¿Os podéis creer, que estando en el siglo XXI como estamos, y aún así, cuando íbamos a alguna cafetería del pueblo con un grupo de personas, con Síndrome de Down, o Autismo, etc… y entrábamos al local, la gente se quedaba mirando como si tuviéramos la peste? Sólo tengo una palabra para ésta reacción: **IGNORANCIA**.

Aquella situación me dolía en el Alma como si fueran mis hijos. El daño que hace a las personas, no tener la información correcta en muchas situaciones.

Luego, por suerte, estaba el gran porcentaje de personas, que cuando se topaban con nosotros eran un Amor y nos ayudaban incluso en ocasiones complejas.

Y yo digo, lo adelantados que estamos en algunas cosas, y en otras, que atrasados…

¿Sabéis cuando disfrutaba muchísimo con ellos? Cuando nos íbamos a los conciertos para Discapacitados o llamados **"DISCONCERT"**.

La mayoría de las veces, iba sin cobrar, o mejor dicho, de manera más fina, voluntaria. Pero lo hacía por ellos, por ver sus caras de felicidad, de nerviosismo a la hora de arreglarse y vestirse para salir, y sobre todo, durante el trayecto en furgoneta con destino a la discoteca, era lo más.

Me esforcé en aprender a conducir una furgoneta de 9 plazas, que parecía que íbamos a comernos el mundo, ¡éramos una bomba de relojería en esa furgoneta! Comprábamos chuches, refrescos y algún que otro caprichillo más.

Para ellos, aquellos momentos eran lo más importante en sus vidas, porque el resto de días, estaban en un centro, siempre con las mismas personas, imaginaros vosotros por un momento esa situación.

Momento de reflexión

Diez años estuve trabajando para esa Residencia y Fundación. Pasé momentos tristes, momentos felices, momentos horrorosos, y de complicidad, pero sobre todo, mi conciencia en todo momento, estaba tranquila.

Diez años en los que, denuncié a compañeros por maltrato a los Usuarios, ¡si… lo que estáis leyendo! Es triste pero cierto, pensar que hay personas que van a sus trabajos y se llevan sus problemas, perjudicando al más inocente.

Sólo llevaba tres meses trabajando allí, cuando pude presenciar el primer maltrato de una monitora a una Usuaria que iba en silla de ruedas y no se podía valer por sí misma, pero que su cabeza, sabía perfectamente lo que ocurría y se daba cuenta de todo.

Cuando la monitora actuó de manera violenta hacia la Usuaria, yo no me lo podía creer, por un momento

pensé que no era real, pero al ver la cara de la Usuaria mirarme sin poder expresarse, apreté los dientes, tragué saliva y respiré. Cogí diez segundos antes de actuar, y me dirigí a mi compañera a pedirle una explicación. ¿Cuál fue la respuesta de mi compañera?

Que la Usuaria, le estaba hinchando las narices, tal cual. Intenté hacerle entender desde la calma, que si por cualquier motivo, no estaba bien, o tenía algún problema, debía coger unos días de baja laboral, o incluso pensar de ir a un psicólogo o terapeuta, pero su respuesta fue: "estoy bien, y tú no tienes que decirme lo que tengo que hacer". Yo respondí: "si necesitas hablar, dímelo", y su contestación: "no gracias".

Ahí, empecé a sentir que estaba en una tesitura, porque por una parte, me invadía el miedo a que, al llevar solo tres meses, me pudieran echar por denunciar algo así, pero por otro lado, si no decía nada, yo era cómplice de la situación también.

Estuve toda la tarde dándole vueltas a la cabeza, sin dar crédito a lo que había sucedido y cada vez que miraba a la Usuaria, ella me miraba a mí, con cara de: "por favor, tienes que explicarlo, me tienes que ayudar".

Llegó la hora de plegar, y esa noche precisamente, íbamos un grupo de compañeras a la playa a ver un monólogo. Entre las compañeras, iba mi responsable de turno y Enfermera, con la que tenía muchísima confianza. A mitad de la noche, me miró, y me dijo: "no sé qué te pasa hoy, pero me tienes que contar algo".

Yo, en aquel momento, sentí que no podía ocultarlo por más tiempo, y le dije: "efectivamente, tengo algo muy delicado que contarte", a lo que ella me respondió: "es sobre……."(no quiero decir el nombre), y yo le respondí: ¿cómo lo sabes?

Su respuesta fue la siguiente: "es una persona que porque tenga discapacidad, no significa que no se sepa expresar, y ella es muy inteligente y con una sola mirada transmite su emoción, lleva meses angustiada, y sabemos que algo fuerte le está ocurriendo, sospechamos de una monitora, que ya tiene antecedentes y dos sanciones por parte de la Dirección del Centro, y estamos esperando a la tercera sanción, para acompañarla amablemente por la puerta principal, y que no vuelva más.

Yo me quedé, patidifusa….La expresión de mi cara lo dijo todo, y se lo acabé confirmando con un: "es ella".

La paz en mi cuerpo recorrió por segundos como el que le quitan un gran peso de encima, pero el miedo a lo que pasaría al día siguiente, me podía por otra parte.

Había hecho lo correcto y ya está, mi conciencia estaba tranquila.

Al día siguiente, mis nervios, estaban a flor de piel. Se lo había explicado a mis cuatro amigas y ellas me animaban y tranquilizaban al respecto, porque ya conocían a la persona implicada.

Después de horas reunidas el Equipo Técnico y la Monitora, el veredicto era el pensado: despido procedente de la Monitora.

Al salir de la reunión, la monitora se vino a despedir de todas, y cuando vino a mí, me dijo que me arrepentiría por lo que había hecho, y que se encargaría de que a mí, también me echaran algún día.

Era normal esa actitud por parte suya, pero ahora, tocaba esperar la actitud del resto de las compañeras de diferentes turnos, sobre todo, el turno donde trabajaba ella.

Aquella noche no pude dormir, e incluso me planteé marcharme yo también de aquel trabajo, pensaba: "si esto va a ser siempre así, yo no voy a ganar para disgustos", pero era el trabajo de mi vida, y no por eso, tenía que huir, porque no había nada de qué huir.

Al día siguiente, nos reunieron a todas para hablar sobre el tema. El personal técnico y Dirección comunicaron el motivo de despido de la compañera, y también me nombraron a mí, como persona responsable de denunciar el maltrato.

Las palabras textuales del equipo Técnico fueron: "gracias a ti, esta persona no volverá a agredir más en éste centro, has sido muy valiente por tu parte denunciar algo así, pero que sepas, que la respuesta de tus compañeras, no ha sido positiva por parte de todas, y ahora, tendrás que lidiar con algunos comentarios por parte de ellas.

¿No es increíble, que hayan personas trabajando con enfermos dependientes y con discapacidad, y que cuando ocurre esto, no estén de acuerdo? Pues sí... ocurre, vaya que si ocurre, y qué triste darte cuenta de ello.

Pues efectivamente, tuve que lidiar con los comentarios de las compañeras durante un tiempo, pero al final, me acostumbré, hasta que pasados los meses, ellas mismas se fueron dando cuenta de cómo era yo. Aprendí, que no podía caer bien a todo el mundo y lo acepté, pero sobre todo, en todo momento sentí que había hecho lo mejor y mi Alma, así lo sentía.

Fue pasando el tiempo, los años, viví, muertes, enfermedades, dolor, sufrimiento, pero como os dije antes, también viví momentos maravillosos. Al final, era más complicado lidiar con las compañeras, que con los Usuarios. El ser humano, somos muy complejo, la personalidad del Ego, manipula a los Seres de una manera increíble.

Un verano, después de volver de vacaciones, é incorporarme al trabajo, ¡descubrí que estaba embarazada!, qué sorpresa la mía y la de mi marido, también.

Era la primera vez que me quedaba, y la verdad, es que como me encontraba de maravilla, seguí trabajando como si nada.

Total, el embarazo es un proceso natural, no una enfermedad para coger la baja.

Mis tres primeros meses de gestación, me sentía fenomenal, no tenía vómitos, ni ardor de estómago, nada. Iba a trabajar feliz y con energía.

Recuerdo, la primera vez, que pude escuchar el latido del corazón, de aquel pequeño Ser que se estaba gestando dentro de mí. Fue alucinante, oír aquel latido tan potente como el de un caballo, como algo tan pequeño, podía latir con aquella fuerza y aquel ritmo, madre mía.

¡Todo iba viento en popa!

En aquel momento, estaba trabajando en la planta de psiquiatría, y trastornos de conducta, dónde el riesgo de que te pudieran dar un tortazo con la palma abierta, o un tirón de pelo, o algo peor, estaba a la orden del día, y lo mejor que te podía pasar, era acabar la jornada laboral, tranquila sin ninguna alteración por parte de ellos, y que hubieran pasado la tarde tranquilos.

Yo no era consciente del riesgo que corría en aquel sitio, bueno sí, pero como llevaba diez años trabajando en aquel lugar, para mí, era totalmente normal vivir con este perfil de Usuarios. Al fin y al cabo, son personas que no siempre tienen brotes psicóticos, y la mayor parte del tiempo, están controlados.

Una noche, recuerdo que habíamos acabado de cenar, y nos dirigíamos al servicio para hacer un pipí y lavar los dientes. Cuando me quise dar cuenta y reaccionar, vi como un usuario venía detrás de mí corriendo para pegarme y tirarme de los pelos. Mi instinto y reflejo, me hicieron echar a correr para evitar una agresión hacia mí. Estaba embarazada y yo, en aquella situación, parece ficción, pero no lo era.

Por suerte, pudimos tranquilizarlo y pude hablar con él. Me explicó, que hacía horas que no encontraba su mochila de los tesoros y que alguna monitora, le había dicho que yo se la había escondido para que se portara bien, hay que tener mala leche para decirle algo así a una persona que no entiende ese tipo de conceptos.

La monitora, al ver la reacción que tuvo el usuario, rectificó y dijo que lo que había dicho era broma, pero pudo ser demasiado tarde, aunque gracias a Dios, no pasó nada, bueno…al Usuario.

Porque a mí, a lo que respecta, no puedo decir lo mismo. Dos días después, fui a hacerme la revisión de las doce semanas de embarazo, con toda la ilusión que ese paso conlleva. Mi marido y yo, íbamos como dos niños ilusionados, con nuestra carpeta de control y con ilusión de saber, como estaría nuestra querida Lucía, (así se llamaría nuestra pequeña).

Después de hablar con la doctora, me dirigieron a realizar la exploración pertinente, para ver que todo estaba bien.

Me subí al potro de exploraciones, y a los minutos de iniciar la exploración, la doctora no tenía muy buena cara. Su expresión era de película de terror y poco a poco, fue perdiendo la línea de su sonrisa.

Yo no quería preguntar, pero al mismo tiempo, sabía que algo no iba bien. Me armé de valor y le dije: "¿doctora, pasa algo?", y ella rápidamente me dijo: "si", "el feto está muerto".

No lo podía creer, cerré los ojos muy fuerte y los volví a abrir, pensando que podría ser una pesadilla, pero no…era real.

Volví a preguntar, si estaba segura, y ella me confirmó, que probablemente, habría muerto hacía dos días y que teníamos que llevar a cabo un "legrado o raspado", para eliminar los restos, o sea que, con toda mi desolación e incredibilidad aún, por los hechos, me dirigí a urgencias a gestionar los papeles para la intervención.

Yo no tenía ni idea de que estas cosas ocurrían, y pensaba que todo era más fácil, pero por lo visto, ocurre más de lo que nos imaginamos.

Mis sueños se fueron aquella tarde al garete, y tuve que pasar por quirófano, y por una intervención con anestesia general y baja laboral de 40 días.

Mi recuperación fue rápida y con éxito, y los médicos me tranquilizaron, diciendo que lo volviera a intentar, ya que, era una persona sana y joven, y no tenía porqué volver a ocurrir.

Y vaya que si lo intenté....en la cuarentena me volví a quedar embarazada, ¡madre mía!.

Como la mayoría de mujeres, me dirigí a la farmacia para comprar un test de embarazo y poder saber de cuánto tiempo estaba, y estaba de dos meses. Pero algo empezó a ir mal.

Un día estaba haciendo mis necesidades, y al finalizar é irme a limpiar, vi que mi papel de wc, estaba manchado de sangre.

No podía ser…otra vez no. Al día siguiente fui a urgencias, y al explorarme, me dijeron que era muy pronto para ver nada aún, pero que hiciera reposo estricto, porque había mujeres, que los primeros meses tenían pérdidas, y éste podía ser un caso.

Cogí la baja laboral de nuevo, y me lo empecé a tomar con mucha calma.

Me encontraba bien, como en el embarazo anterior, pero una mañana, estaba en la cama, y le dije a mi marido: "cariño, me apetece una rebanada de pan con nocilla y un café solo", y dicho y hecho, porque mi marido, y no es porque fuera mi marido, es una gran persona, y todo lo que yo pedía por mi boquita, me lo concedía si estaba en sus manos.

A los cinco minutos, vino de la cocina con una bandeja, con una tostada con nocilla y un café.

Me comí la tostada con unas ganas…y cuando fui a tomarme el café, y le di el primer trago, le dije: "cariño, esta mezcla de chocolate y café, es abortiva, es una bomba".

Y así fue, me faltaron segundos para poder llegar de mi cama al lavabo, que cuando llegué a la taza del wc, mi cuerpo empezó a tirar una cantidad de sangre, como si fuera un grifo abierto.

Estuve como diez minutos sangrando, como cuando matan a un animal, en serio…algo muy duro de experimentar y sentir físicamente.

Cuando por fin, dejé de sangrar y pude levantarme como podía, pensé que me moría. Mi cara en el espejo, era la imagen de un cadáver, blanca, ojerosa, desencajada…sin vida.

Me dirigí a la cama y allí, rompí a llorar con impotencia, sin fuerzas y pensando… ¿qué ocurría en mi cuerpo?, y por qué me ocurría aquello.

Tengo que reconocer, que soy muy fuerte, mi marido me lo decía y la gente que me conoce muy bien, pero yo no soy consciente, hasta que no me pasan este tipo de situaciones o similares.

A la hora de lo sucedido, me levanté y fuimos a la calle a comprar. Todavía me temblaba todo el cuerpo, pero necesitaba que me diera el aire en la cara. Estaba muy débil, pero aún así, esperé al día siguiente para ir al médico.

A la mañana siguiente, fui otra vez a urgencias, y de nuevo la respuesta a la exploración, era que tenía que volver a pasar de nuevo por quirófano, se me había quedado un coágulo dentro y no había expulsado todo por completo. Otra vez a quirófano.

Por segunda vez, en menos de dos meses, me operaron. Esta segunda vez fue diferente, no lo pasé tan traumático como la primera, porque ya sabía de qué iba.

Después de mi pronta recuperación, me incorporé al trabajo y seguí haciendo mi vida de manera normal.

Lo que sí es verdad, es que algo en mi interior y mi pensamiento, habían cambiado. Mi percepción ante algunas situaciones, tenían otro punto de vista. ¿A que me refiero?, pues que, a raíz de mi experiencia y otras muchas que había pasado en la vida, empecé a tomar otra conciencia y valorar muchas cosas, situaciones, y personas, que antes no lo sentía.

Una de las cosas que me llegué a plantear de manera radical, fue dejar de trabajar en la Residencia, pero por otro lado, mi vocación era tan grande, que me podía. Pensé, que cuando fuera el momento, el Universo me lo pondría de una manera clara y concisa, creo mucho en las señales Universales y aunque a veces, me disperso, estoy atenta a ellas.

Pasó el tiempo, exactamente un año, y pasó muy rápido. Ya iban diez años en aquella casa, y sinceramente, algo me empezaba a decir, que mi ciclo ya estaba venciendo.

Llegaron las Navidades del año 2015, mi perrita Nuka, una peludita negra, que habíamos acogido a sus tres meses de edad, por maltrato en una familia, empezó a enfermar.

¿Sabéis que entre el Ser humano y los animales, hay una gran conexión que desconocemos? Recordad, que somos energía, y todo está conectado, SOMOS UNO.

Como os iba diciendo, Nuka, un ser muy especial de cuatro patitas, empezó a sufrir una insuficiencia renal, que quizás muchos no sepáis, que es una enfermedad que muy pocas veces mejora.

Llevábamos un año muy tranquilo y sin altibajos, hasta que el día 23 de Diciembre, fuimos al veterinario para hacerle una revisión, y nuestra sorpresa fue, que nos comunican que le queda como mucho, tres semanas de vida. Yo soy muy positiva, pero también soy muy realista, y aún pensando que lo que nos estaban diciendo podría ser verdad, también pensaba en la posibilidad de una mejora, que le pudiera dejar vivir unos años más.

Fuimos haciendo vida normal, relativamente, porque Nuka estaba con su tratamiento. El día 26 de Diciembre, yo no me encontraba muy bien y de hecho, la menstruación no me había venido todavía. Pensé que a lo mejor cabía la posibilidad de estar embarazada, pero por otra parte, tampoco estaba segura, porque en principio, habíamos tomado medidas "naturales", ahí es donde me cabía la duda.

Sin más, fui a la farmacia a comprar un test de embarazo para salir de dudas e ir al grano. Con la experiencia, había aprendido a tomar decisiones de manera más rápida. Estaba tranquila en el momento de realizarme el test. Dejé pasar los minutos pertinentes y el resultado fue: POSITIVO.

Estaba embarazada de nuevo, de 3 semanas. ¿Sabéis cual fue mi reacción? Cuando vi el resultado dije: ¡mierda!

Y muchos diréis, ¿por qué reaccionaste así?

Pues mirad una cosa, en aquel momento, algo me dijo en lo más profundo de mi corazón, que esa vez, tampoco iba a ir bien.

No me preguntéis porqué, fue un sentimiento claro, y seguro.

Al día siguiente, fui a la Comadrona a visitarme y me dijo, que la exploración estaba normal y no había nada de qué preocuparse. No me lo puedo creer, pensé, y vuelvo a repetir que no soy nada negativa.

Pues nada...perfecto.

Nuka, iba a peor, ese día al salir del médico de mi revisión, tuvimos que llevarla al veterinario, porque estaba empezando a dejar de comer. La dejaron ingresada, para hacerle pruebas y alimentarla con suero por vía.

Pobrecita, nunca antes había estado sola por las noches y cuando la metieron en la jaula, que sería su habitación, nos miraba con desolación, llorando. En ese momento mi corazón se partió en mil pedazos, pero era lo mejor que podíamos hacer para intentar por todos los medios, intentar mejorar su salud.

Al tercer día de estar ingresada, fue a peor. La sacábamos del veterinario para llevarla a hacer sus necesidades y podía comprobar que le costaba horrores hacer pipí, no quería comer, y sólo quería estar con nosotros, saltaba la jaula de tres pisos, para estar junto a nosotros. Sus pocas energías eran para salir de allí y llegar a nuestros brazos.

Hablamos con el doctor y tomamos la decisión, de que era mejor llevárnosla a casa para que sus últimos días fueran de calidad de vida, dentro de lo posible y estuviera con nosotros.

Aquel año, la Noche Vieja, fue triste. En mi casa estuvimos junto con mis padres y mis suegros, pero se olía la preocupación, y la tristeza, por ver a un Ser de Luz sufrir.

Mi embarazo iba hacia delante, por lo menos hasta el momento.

Llegó el gran momento que todos esperamos, el de las campanadas de fin de año. Momento en que todos, aprovechamos para pedir por un nuevo año más próspero y mejor en todos los ámbitos.

Mi FE, me acompañaba, pero la realidad era otra muy distinta. Al acabar las campanadas, me dirigí a la cocina a por unas copas y mientras bajaba las escaleras, ya que vivíamos en un piso dúplex, por la parte trasera de la espalda, e irradiando hasta la parte delantera de mis ovarios, sentí un pinchazo tan fuerte, como la sensación de que te clavaran un cuchillo por detrás.

Apreté mis labios, mientras mis lágrimas de dolor recorrían mi rostro, y me dirigí al lavabo. Al sentarme, pude orinar y me di cuenta, de que había expulsado un coágulo marrón oscuro. Mi corazón empezó a palpitar más rápido de lo habitual, sintiendo que algo ocurría. No quise decir nada a mi familia, excepto a mi marido, por no preocuparlos, yo soy así. Cómo no fue a más, decidí acabar de pasar la noche lo mejor posible.

Me he pasado 24 años en la Sanidad, y no creía conveniente ir una noche de fin de año, ni de año nuevo al hospital, a no ser que fuera un caso de vida o muerte. Es mi manera de pensar, pero no significa que sea la correcta.

El día 2 de Enero del año 2016, fui a visitarme y hacerme una exploración. Me dijeron que todo estaba bien.

Mientras tanto, mi Nuka cada vez iba a peor, se iba consumiendo, no comía, y le costaba mucho beber agua. Yo le daba homeopatía, y batidos nutricionales, pero los acababa vomitando.

Empezaba a ser realista y visualizar un final en la vida de Nuka.

La noche de la Cabalgata de Reyes, Nuka estaba muy consumida y apenas se podía desplazar, si no era en brazos. Yo, en ese momento, le pedí al Universo que si tenía que sufrir más, se la llevara, o que me diera alguna señal clara, de que tenía que tomar la decisión más dura de mi vida hasta el momento, sacrificar su vida, algo que nunca hubiera imaginado que tendría que llevar a cabo.

El día 6 de Enero, ya no tenía fuerzas y le comunicamos a mis padres, que se despidieran de ella. Pasamos el día juntos en familia.

Esa noche, de madrugada, Nuka empezó a vomitar, seguidamente tuvo espasmos muy fuertes, se defecó encima y se quedó muy, muy débil. El último impulso que hizo, fue el de subir al sofá para estar a mi lado. Apoyó su cabecita en mi pecho y la cogí en brazos, para llevarla a la ducha a lavarla de sus restos de heces, y vómito. Una vez duchada, la envolví en una mantita y la puse a mi lado para que descansara.

La noche fue muy dura, demasiado…aunque sólo lo puedan entender las personas que tienen animales de compañía.

A la mañana siguiente, el 7 de Enero, tuvimos que tomar la decisión de llevarla a sacrificar, ella por sí sola no podía morir, y era injusto verla sufrir de aquella manera, por tenerla unos días más. La envolví en su mantita con su peluche favorito y fuimos al veterinario.

No quería que aquel momento pasara, pero su cara de sufrimiento y tristeza, me daban el mensaje claro, de que estaba deseando partir.

No tengo palabras para describir, el dolor, el sentimiento de desgarro interior, y la manera en que el corazón se deshace en mil pedazos, al ver, cómo la vida de un Ser de LUZ, se iba, en aquella sala donde solo había una mesa metálica, unas cortinas y un olor a medicamentos que invadía mi olfato.

El veterinario era muy amable y nos lo explicó todo, pero aún así, es tremendamente duro. En la primera inyección que Nuka recibió, perdió el conocimiento y quedó sedada, durante unos segundos sus ojos quedaron fijos mirando a la nada, y en el momento de la segunda inyección, fue cuando ya... dejó de sufrir y vivir para siempre.

No pude controlar mis gemidos de sufrimiento, mis lágrimas eran infinitas, y mi dolor hizo que no pudiera estar de pie y tuviera que arrodillarme ante mi niña peludita, postrándome frente a ella, para darle el último adiós.

En seguida se la llevaron envuelta como la habíamos llevado, con su peluche, y fue trasladada a incinerar.

Aquella mañana, causalmente, también tenía hora para mi revisión de embarazo. Llegamos al hospital, y después de tres horas de espera, me visitó una doctora, que llevaba 24 horas de guardia, (vergonzoso).

La doctora, se limitó a mirar los resultados de mis últimas analíticas, aún explicándole lo que me había ocurrido la noche de fin de año, y me contestó, que estaba bien, y todo iba desarrollándose con normalidad, pero que para más seguridad, me esperara al cambio de guardia, que entonces me visitaría otro doctor.

Tuve que esperar una hora más, y transcurrido ese tiempo, me llaman para que pase a consulta.

Un hombre moreno, con la mirada expectativa y mucha sabiduría, nada más verme, me pregunta: ¿niña, estás bien?

Y yo, le contesté: "quiero pensar que sí, pero el día 31 de Diciembre me pasó algo". Y le expliqué lo ocurrido.

Sin mediar más palabras, sólo me dijo: súbete a ese potro, que te voy a realizar una exploración.

Os puedo decir, que la cara de ese hombre, era un poema. Sus ojos se abrían como el que ve algo espantoso, y me daba cuenta, de que sus mandíbulas se apretaban y sus labios se tensaban de preocupación.

Yo sin más, le dije: doctor, su cara es un poema, y algo me dice que no estoy bien.

Su contestación: "mira, ahora mismo, estoy viendo tanta sangre por todo tu interior en forma de hemorragia interna, que no puedo llevar a cabo la exploración con éxito.

Tienes un embarazo ectópico, lo que significa, que el feto se ha quedado atravesado en la trompa derecha y ha ido creciendo ahí, hasta reventar la trompa por la presión, lo que significa, que ese hecho, te ha producido una hemorragia interna que te está empezando a llegar a los órganos vitales, y lo que tengo que evitar, es que te llegue a los pulmones, lo cual, llama ahora mismo a tu marido, despídete de él y dile, que llame a tu familia, porque no te aseguro que puedas salir con vida de ésta.

¿Cómo?, ¿Dónde está la cámara oculta, por favor?

Madre mía, por la mañana, sacrificábamos a Nuka, y por la tarde, me daban esta noticia.

Sólo tenía 39 años, no me imaginaba mi muerte así…

Os puedo garantizar, que mi vida pasó por mi mente, de una manera rápida y muy resumida, me vinieron flashes, recuerdos, emociones, imágenes, personas… Pero, al mismo tiempo, estaba muy en PAZ, algunos diréis: ¡no puede ser!

Pero si… recuerdo que aquella mañana, mis Maestros me dijeron: "coge el libro de Decretos", tal cual. Cuando me refiero a mis Maestros, me refiero, a que recibo canalizaciones, e información de Maestros Ascendidos, y Seres Superiores de Luz.

Recordad, que somos Seres Espirituales, Viviendo una Experiencia Terrenal.

En aquel preciso instante, lo primero que hicieron conmigo, fue llevarme a una sala de partos, donde había una bañera para partos en el agua… ¿sub realista verdad?

Allí me informaron de que, en breve estaría el quirófano preparado, y que mientras tanto, lo primero de todo, avisara a mis familiares más allegados, y me despidiera de ellos.

Llamé a Carlos, para explicarle lo que pasaba, y le informé del veredicto. Al pobre, le pilló más solo que la una, en el hospital, y tuvo que pasar la espera, prácticamente solo, porque mi familia tardó en llegar.

Mientras tanto, yo me cambié y me preparé para entrar a quirófano.

Cogí mi mochila, y de ella, saqué mi libro de Decretos. Empecé a Orar y Decretar, el primero que vi, nada más abrir el libro… os puedo garantizar, que los Decretos tienen un gran poder vibracional y energético, que puede transformar la energía a grandes niveles.

. . . .

En mitad de mi Oración, en frente mío, apareció una masa energética blanca, densa y de tres metros de altura, en la pared de en frente. Tenía forma masculina, robusta, fuerte, con un potencial energético muy potente…y una vibración extraordinaria. No me dio ningún miedo, al contrario, me dio mucha PAZ.

Por un momento, pensé…ya ha llegado mi hora.

A los cinco segundos de tener ese pensamiento, aquella "energía", me dijo: ¿te vienes ó te quedas?

. . . .

Mi respuesta, fue rápida, y concisa: "me quedo por Carlos", eso respondí, y en aquel instante, la energía desapareció.

Estaba muy en Paz, y para nada sorprendida de lo ocurrido. Fui consciente, de que podía haber elegido partir, pero lo tuve muy claro, que no me tocaba. Hubiera sido muy egoísta por mi parte, y lo primero que me vino a la cabeza y al corazón, fue Carlos, el sufrimiento que le hubiera provocado mi partida y el dolor de ese desapego. Sólo pensé en él, sinceramente, aún queriendo a mi familia y mis amigos…

Aprendí una cosa muy importante…NO TENGO EL CONTROL DE NADA.

Por tercera vez, entré en quirófano. En el hospital ya me conocían, y la verdad, que eso me hacía sentir más tranquila.

Como se dice, lo poco espanta y lo mucho amansa.

Cuando abrí los ojos, mi mirada se dirigía al techo de los box de quirófano. Me asusté al ver que tenia mascarilla de oxígeno puesta, y le pregunté a la enfermera, que por qué la llevaba, y me respondió, que había estado con las constantes vitales y las pulsaciones muy justas, casi al filo de la muerte y me habían tenido que aplicar la mascarilla para ayudarme.

Por lo visto, mi Alma tuvo alguna duda de la hora de su partida mientras estábamos en la intervención.

A las dos horas, me subieron para planta, y recuerdo ir bromeando con el camillero, mi sentido del humor me salva de las situaciones más adversas. Al subir, veía al final del pasillo a mis padres, mi hermano y Carlos... la expresión de sus caras era terrorífica, parecían muertos vivientes, pobres... yo, al verlos, sólo pude alegrarme y decirles: "¡sigo aquí para dar la tabarra!"

Aquella situación, había dado un giro a mis patrones mentales, en respecto a tener el control de las situaciones, y aprendí que la vida, es aquí y ahora, con la proyección justa de un futuro inmediato y sin expectativas. ***La clave exacta del aprendizaje sería decir***

que:" hay que vivir, sin apego al resultado, fluir y soltar, para dejar las resistencias que no nos dejan libres".

Momento de reflexión

Salí del hospital al día siguiente, pidiendo el alta voluntaria. Quería estar tranquila en casa, y pasar mi proceso de recuperación allí, asimilando también la pérdida de mi querida Nuka, aceptando aquel vacío, que nada más abrir la puerta de casa, se pudo sentir. Un duelo muy duro, que solo lo pueden entender las personas que tienen mascotas o aman los animales.

Tuve que tener paciencia con mi recuperación, porque no fue rápida, pero como yo digo que todo es por algo, aquel tiempo de mejoría, me sirvió para reflexionar muchísimo sobre mi vida, mi presente y que es lo que quería, en mi futuro inmediato a corto plazo.

Después de un mes y medio de baja laboral, me incorporé de nuevo al trabajo, con una mentalidad muy diferente.

Aun me molestaban las cicatrices de la intervención, pero pensé que no sería inconveniente para poder trabajar. Hablé con el equipo técnico de la Residencia, para que por favor, me ubicaran en un puesto donde no hubiera que hacer mucho esfuerzo, ¿pero sabéis lo que hicieron?, oídos sordos.

Me dejaron en el mismo lugar donde estaba, en Psiquiatría, bajo el cargo de siete Usuarios masculinos, que algunos de ellos, me pasaban una cabeza de altura, y sola ante el riesgo que comportaba un trastorno de alguno de ellos, lo que significaba que si tenía que llevar a cabo una contención física por alteración de conducta, mi físico no me lo permitía 100%.

Ahí, si que ya, me empecé a mosquear y a tomar conciencia, de que no somos nadie, para algunas empresas y que simplemente, somos números, y que la respuesta a nuestras quejas, si no estamos a gusto, siempre es la misma:"la puerta está abierta para quien quiera irse", sin más.

Mientras tanto, el tiempo pasaba y el vacío que había en casa, sin nuestra querida Nuka, cada vez se hacía más difícil.

Una tarde, paseando por un pueblo vecino, vimos una pareja paseando con un Golden Retriever, la chica iba comiéndose una pasta, y el perro iba caminando de lado, sin quitar la vista a su dueña y babeando… nos hizo mucha gracia ver esa situación a Carlos y a mí, y nos planteamos la idea de volver a tener mascota en casa.

Con nosotros también vive "Shiva", nuestra querida gatita, recogida del contenedor de la basura, tan solo nacer.

Por lo visto, la persona que las dejó en una bolsa de basura, a sus hermanos y a ella, no tenía dos dedos de frente ni sentimiento alguno por los seres vivos, claro está, pero no voy a gastar energía hablando de eso… *yo siempre digo, que el Universo es justo, y existe la Ley de la Compensación, para quien no actúa desde el Amor.*

Y como las casualidades no existen, esa semana, me llegó información de un lugar donde criaban Golden Retriever, y era un sitio formal y experto. Llamé para pedir información, y el señor, muy amable, me dijo que sólo le quedaba una hembra nacida en Diciembre… ¿En Diciembre?, fecha en la que Nuka y yo, estábamos malitas, Deva nacía…un nuevo Ser de Luz venia al mundo para culminar nuestra felicidad y mostrarnos el sentido del Amor Incondicional.

· ·

Yo digo, que los animales son Seres de Luz, que vienen a darnos lecciones de Amor, Empatía, Sensibilidad por los seres vivos y sobre todo, Humildad. Sin palabras, nos enseñan tanto… Y nosotros los seres Humanos, que tenemos toda la verborrea del mundo, y que poca comunicación tenemos y que mal nos comunicamos…

· ·

Pues deciros, que Deva llegaba a nuestra vida el 22 de Marzo, con tres meses y cómo un huracán de energía, aterrizó en casa, hasta el día de hoy, 13 de

Octubre del 2019, que estoy escribiendo este libro, y cumplirá 4 añitos en Diciembre… una de las mejores cosas que me han pasado en mi vida, tenerla a ella.

Esto pasó en Marzo, y en Junio del mismo año, decidí definitivamente dejar mi trabajo en la Residencia de personas con Discapacidad.

Empecé a sentirme mal conmigo misma, porque ya no tenía la misma ilusión por mi trabajo, y cada vez empezaba a tener menos paciencia, supongo, que una saturación de todo en su conjunto, me hizo llegar a rebosar el vaso y pasar a tomar esa decisión.

Diez años maravillosos en aquella casa, en los que viví todo tipo de situaciones, emociones, y vivencias… aprendí muchísimo y gané muchos valores, que he aplicado en mi vida y sigo aplicando en mi día a día.

Pero lo que está claro, es que uno debe tomar conciencia de su trabajo, y cuando no puedes dar lo mejor de ti, a seres tan maravillosos, debes dejarlo a tiempo, antes que la enfermedad aparezca en tu vida. Yo, ya estaba muy cansada mentalmente y físicamente, se me hacía una montaña finalizar la jornada laboral y mi espalda, me daba gritos de alarma.

Me dio mucha penita, despedirme de ellos, pero era lo mejor en aquel momento.

Me acuerdo, que el día que firmaba mi carta de renuncia y mi finiquito, mi jefe estaba en el despacho de en frente, y no tuvo la santa delicadeza de despedirse de mí…

Con las veces que había ido de voluntaria, en fines de semana, festivos, etc… pero mi conciencia estaba tranquila y muy en Paz.

Mirad, recuerdo el último año que nos invitó, mi querido jefe, para la cena de Navidad, que no era en Navidad, eran dos meses antes, porque le salía más barato, jajaja…me río por no llorar, pues recuerdo, que siempre nos decía, que estuviéramos contentos de cobrar cada mes, y que si llevábamos diez años con los sueldos congelados, no era por él, si no, porque no podía hacer nada más al respecto.

Pues en aquella cena, mi mejor amiga, estaba sentada en su mesa, porque nos sentaban a sorteo, para mezclarnos todos, entre todos, y mi jefe se levantó para dar el tan deseado "discurso", diciendo: "este año, hemos superado las expectativas económicas, llevando a cabo la nueva construcción del nuevo Edificio de Rehabilitación Funcional, que tan sólo ha costado unos cuantos millones de Euros, y gracias a vosotros y vuestros recortes económicos en los salarios, esto es posible".

Mirad…. Si nos hubieran grabado con una cámara oculta, hubiéramos ganado el primer premio en todo, os lo digo…¡qué indignante y vergonzoso!, pero no sólo eso, mi amiga vino a decirnos, que el vino que servía en la mesa de nuestro querido jefe, era el más caro del restaurante, y el nuestro, era el vino de la casa… no voy a hacer ningún comentario más, que gasto energía, y me queda mucho libro que escribir, jajajaja.

Firmado mi finiquito y la renuncia a mi puesto fijo laboral, mis primeros pensamientos fueron: "¡eres libre!", y por otro lado: "¿qué has hecho?".

Tomaba la decisión de dejar mi trabajo, con una hipoteca de 1.300€ al mes, más préstamo de coche, más gastos, etc… pero aún así, tuve un par de ovarios y lo dejé.

Sabía que en ese momento mi Ego y mi mente, me iban a estar fustigando hasta la saciedad, es su función, pero al mismo tiempo, sentía que era lo mejor que había hecho en años, MIRAR POR MÍ Y MI SALUD.

Me cogí un mes sabático, e inmediatamente empecé a buscar de nuevo trabajo, sabiendo a ciencia cierta, que para el mes de Agosto estaría trabajando de nuevo, en la Sanidad Agosto es el mes de las suplencias, y así fue.

El día 2 de Agosto empezaba a trabajar en Servicios Sociales, ¿Hola?... soy masoca y me gustan las drogas en vena, jajajaja.

Un año estuve, viendo y experimentando situaciones increíblemente extremas, que superan la ficción con creces, yo que, creía que lo había visto todo, pues no.

Casos de drogadicción, Esquizofrenia, Síndrome de Diógenes, Abandono, Soledad, Maltrato, etc… increíble, en serio.

Me ví en situaciones EXTREMAS, de tener que activar el PROTOCOLO DE EMERGENCIA A VIDA O MUERTE…(Es que, a mí ¡¡¡me gusta el ROCK AND ROLL…. JAJAJAJA!!!!)

Dejé la Empresa al año, por mal pagadores, explotadores e incompetentes.

De nuevo, sin trabajo…

Un día, la que era mi cuñada en aquel momento, me comentó la opción de crear mi propio negocio Multinivel de Nutrición.

Al principio me negué por completo, pero os voy a decir una cosa, tened en cuenta, de que a todo lo que le decimos que NO, a la larga o la corta, es un SÍ como una catedral. A veces es mejor abstenerse y no opinar, y esperar a ver que nos depara el futuro.

Un fin de semana, fuimos a una presentación de Negocio, y la verdad, es que me encajó. El único impedimento, era que yo, no me veía como comercial vendiendo nada a nadie, no iba conmigo, pero por otra parte, tengo mucha labia y soy muy extrovertida, y eso, según los expertos en un punto a mi favor.

Pues nada, hice mi fiesta de inauguración, con un Éxito increíble. Vinieron muchas personas y cerré ventas esa tarde a varias personas.

¿Al final iba a resultar que servía para eso?

Estuve asistiendo a Formaciones, Escuelas de Liderazgo, Retiros de Fin de semana y Eventos, y al mismo tiempo trabajaba en casa, en un despacho que me había montado para poder atender de manera más personalizada a las personas y poder llevar a cabo los seguimientos de control de peso y Nutrición.

Las agendas semanales las tenía a tope, me faltaban horas, económicamente, empecé a generar un buen dinero extra, y por momentos, me llegué a plantear que ése podría ser mi futuro y mi camino a la Libertad Financiera.

Todo mi recorrido laboral, os lo explico por algo, y lo vais a entender muy pronto, tiene que ver con *mi Niña Interior y con las 7 Claves para sanar a Tu Niño.*

Cuando después de un año y medio, ya había evolucionado y estaba en un punto, en el que tenía que dar un paso más, para mi evolución personal, lo dejé.

Os explico… Llegaba un día, en el que, cuando ya teníamos una experiencia como Couch, Nutricionales y como Emprendedores, teníamos que dar formaciones a las personas nuevas, que iniciaban sus negocios o sus cambios de estilo de vida, y yo, una de las cosas que más pánico me dan, es hablar en público.

Y ahora diréis, "¿cómo te atreves a escribir un libro o dos, o una trilogía, si tienes pánico escénico?".

· ·

La respuesta es muy sencilla: Éste libro y los siguientes a éste, son Obras del Alma y el Corazón, nada que ver con lo que he podido experimentar anteriormente.

La creación de ésta Obra, es de manera Incondicional, sin apego al resultado y con la intención de ayudar a miles de personas, que como yo, hayan podido experimentar, o vivir, situaciones en sus vidas, que les hayan frenado, anulado,

o bloqueado, para poder culminar la Felicidad que todos andamos buscando y que tanto nos merecemos como Seres de LUZ.

. . . .

Al final, pude experimentar, que era un negocio en el que el rol, siempre era el mismo: vender y meter personas en tu equipo para crear una red expansiva a nivel nacional e internacional.

Ojo, que está bien, y se gana dinero y lo respeto, pero no iba conmigo, ni con mi PROPÓSITO DE VIDA, sinceramente.

Mi inquietud por ayudar a las personas, era otra, y mi Alma continuamente, me daba señales. Bueno, a la vista está, que los trabajos me duraban un telediario.

Un poco cansada de estar buscando siempre trabajo, que te remuneren bien, que te guste lo que haces, que tengas tiempo libre y seas feliz, toqué fondo… literalmente.

Después de dejar mi Negocio de Nutrición, estaba más perdida que el que se perdió en la Isla.

Me empecé a engordar, a fustigar, a entristecer y sobre todo, a plantearme, ¡qué coño hacía yo, en esta vida!

Cuando te planteas esa pregunta, malo… ó no.

Estuve dos meses que no tenía ganas de nada, solo de llorar, y querer desaparecer del mapa. En ese

momento, pensaba: "porqué no me iría de esta vida, en la última intervención...con lo tranquila que yo estaría".

. . . .

"La clave para ser feliz mora en el interior de cada quien"

Jesús

. . . .

Momento de reflexión

Pero lo que está claro queridos lectores, es que, no nos vamos de ésta vida, sin antes haber hecho lo que teníamos que hacer, ¡¡¡NUESTRO PROPÓSITO.!!!

Y ahí fue, dónde llegué a lo más profundo de mi tristeza en aquel momento.

Hacía un resumen de mi vida, y pensaba: *"madre mía, 25 años trabajando para ayudar a los demás, y poniendo en peligro mi persona y mi salud, y resulta, que a quién menos ayudo ¿es a mí misma?*

No tiene sentido alguno, pero me había pasado toda mi vida anulada como mujer, como niña, como Ser... ¿y por qué?

¿Por patrones mentales de educación?

¿Por traumas infantiles?

¿Por sentirme diferente al resto de niños?

¿ Por qué.......?

En ese momento, empecé a recopilar toda mi vida y sobre todo a nivel laboral, que era lo que más me afectaba en ese instante.

Mi tendencia, era siempre ayudar, pero haciendo lo que ya sabía hacer, una y otra vez, pero en escenarios distintos.

Nunca me atrevía a hacer algo diferente a lo que ya había hecho anteriormente, y si lo hacía, lo acababa dejando.

Una vez, vale…. ¿Pero siempre?

Estaba cansada ya, de no ver más allá de mi realidad. Y empecé a recopilar información aprendida de hacía unos años.

Esto no os lo he explicado, pero Carlos y yo, habíamos tenido dos crisis de pareja, anteriormente a ésta tercera, y estuvimos separados un tiempo.

En ese tiempo, tuve la inquietud de pasar a ser **_el Buscador…_**

¿Sabéis lo que és, que lo tengas todo a nivel material, y económico, y sentirte vacío y solo, aún estando acompañado y en pareja?

Os puedo garantizar, que nuestros sueldos juntos, nos permitían llevar un estilo de vida abundante, de aquellos que no te falta nada en clase Media, como dirían mis padres.

Recuerdo pasar vacaciones en Ibiza, de una semana y gastarnos 3.000€ en una semana, sin privarnos de nada, en buen Hotel, buenas comidas, y disfrutar a tope de lo que nos apetecía en cada momento.

Subir a Andorra, y pasar un día, y gastarme 250€ en un bolso de marca, era algo normal, o comprarme un reloj caro, o un perfume…el caso era, no volver con las manos vacías.

Pero como os he dicho antes, ***no hay nada peor, que tenerlo todo a nivel físico y material, y sentirte vacío…solo.***

Una mañana, me levanté con la decisión tomada de dejarlo todo y empezar una nueva vida, o dar un giro a la vida que tenía.

Carlos y yo, llevábamos meses, que no éramos los mismos, discutiendo, cansados, y con la misma sensación mutua, de sentirnos solos, aún estando juntos o en pareja. Hablé con él, y le expuse mis sentimientos y emociones, llegando a la conclusión, de que en aquel momento, lo mejor era dejar nuestra relación, por el bien de los dos y antes de acabar mal.

En aquel momento, decidí dejar mi trabajo fijo en el Centro Médico, que había al lado de mi casa, ganando muy bien y decidí buscar un trabajo nuevo, que me llenara el Alma, y fue cuando encontré el trabajo temporal en la Residencia de personas con Discapacidad.

Mis padres no sólo me trataron de loca, por dejar un trabajo fijo, por uno temporal, y más, teniendo una hipoteca, si no que, a más a más, me separaba legalmente de mi marido, vendí mi coche de gama alta, para comprarme uno más económico y sencillo, y cambié por completo mi manera de vestir y de pensar.

¡¡¡Por fin empezaba a ser yo misma!!!, y eso sólo era el principio!!!

Mi madre no aceptó que yo tomara la decisión de dejar a mi marido, sin entender que era lo mejor en ese momento para los dos, porque si yo, no hubiera tomado la decisión, Carlos no la hubiera tomado y seguro habríamos acabado como el Rosario de la Aurora.

Por ese motivo, cuando le expliqué a mis padres nuestra nueva situación, mi madre no lo aceptó y se enfadó muchísimo. Yo necesitaba comprensión y empatía, pero también tenía que respetar sus ideas y patrones mentales.

Estuve viviendo tres meses sola en el piso que teníamos Carlos y yo, hasta que mi madre entrara en razón y aceptara que pudiera vivir con ellos temporalmente, hasta encontrar una solución. A los tres meses, me dijo que podía ir a vivir con ellos, lo cual, para mí, no era nada fácil, después de tantos años fuera de casa y al vivir sola en ese tiempo, pero algo había que trabajar personalmente y seguro, que sería un ejercicio de aprendizaje para mí y para todos.

Cogí los bártulos y me mudé a casa de mis padres y allí estuve otros tres meses. Era complicado tener que estar dando explicaciones, de cuando salías, cuando volverías, que te pasaba, o que no te dejaba de pasar,… pero era su casa y es lo que había.

Pasado ese tiempo, me empecé a plantear vivir con una amiga y compartir piso. En la Residencia de personas con Discapacidad, tenía varias amigas, y sobre todo con Marga, una compañera de mi turno, que vivía en Barcelona, tenía mucha afinidad. Marga es una chica alegre, con un gran corazón y comprensiva, y vi en ella, una compañera ideal, que me pudiera soportar, jajajaja.

Una noche, tomando unas cervezas, le hice mi propuesta a Marga, y mi sorpresa fue inesperada, me dijo que sííí. Ella también tenía ganas de un cambio y buscaba algún piso cerca del trabajo y compartir con alguien de confianza.

Todo un reto el nuestro, ya que, trabajar juntas, vivir juntas y tener las mismas amistades, era complejo. Otro aprendizaje más…

Pues nada, en poco tiempo, estábamos viviendo juntas y empezando una nueva experiencia para ambas.

Yo empecé a tener inquietudes en aquel tiempo, en respecto a la Espiritualidad, el Crecimiento Personal, las Terapias, etc… y comencé a informarme y sobre todo a escuchar mi corazón, que normalmente, no lo escuchaba o no sabía.

En la Residencia, trabajaba una chica, Marta, que era Terapeuta y de vez en cuando, coincidíamos trabajando juntas. Para mis adentros, yo la veía un poco rara y especial, y había conversaciones que no las entendía y posteriormente juzgaba, por mi ignorancia claro.

Marta estaba en una vibración y yo estaba en otra, por eso era complicado para mí, seguir el hilo, pero, había algo de ella que me llamaba la atención, o me atraía a estar con ella y querer escucharla, aunque luego yo la juzgara. Había un "Reconocimiento Álmico" y un "Nuevo Despertar de mi Conciencia", aunque yo no lo supiera reconocer en ese momento como tal.

Empezaba mi camino Espiritual…

Nuestros encuentros y conversaciones, cada vez eran más asiduas, y con el paso del tiempo, empezamos a entablar una amistad.

En mi sentimiento de búsqueda y de aprender y sanar mis bloqueos, entró la opción de empezar a recibir terapia aunque mi Ego o resistencias, se opusieran a veces.

Un día, me sentía muy mal, nerviosa, triste y desorientada y no sabía por qué. El malestar me invadía mi cuerpo físico y emocional y me encontraba en un estado en el que pedir ayuda, era lo correcto y fue cuando decidí llamar a Marta y pedirle una hora para que me pudiera visitar y tratar.

Sentía que mi vaso estaba lleno o rebosando, por toda la carga que mi mochila llevaba a nivel emocional, a causa de mis experiencias vividas en la infancia y la adolescencia, ya que no fueron nada fáciles para mí.

Siempre he sido una persona, que he querido ayudar y me he preocupado en exceso por todos mis seres queridos, tanto, que me he llegado a anular como persona y eso me hacía enfermar y acabar a veces, en un hospital con un ataque de ansiedad. Cuando me encontraba en el hospital, tomaba conciencia de que yo estaba allí, pasándolo mal y el resto de personas no tenían ni idea de lo que yo estaba viviendo, y fue entonces, cuando un día de esos, decidí mirar por mí, y solo por mí, sin sentirme mal por ello, ni considerarme egoísta por hacerlo, ya que siempre me habían enseñado, que las mujeres éramos el último mono y nuestra misión era la de servir y estar a la disposición de los demás, pero hasta el punto de anularnos y olvidar que existíamos.

Mi mochila iba cargada desde que tenía uso de razón, que fue a los seis años, aunque no os lo creáis.

Desde mi nacimiento, hasta los seis años, los recuerdos de mi infancia eran muy positivos y soy consciente ahora, que he trabajado mi niña interior. Mi infancia era tranquila y fluida. Recuerdo como mi madre me preparaba cada noche la ropa que me iba a poner el día siguiente, y la dejaba encima de la cama.

Recuerdo como me calentaba la ropa en invierno en una estufa súper pequeña que teníamos en el lavabo, y como aquel calorcito, se recibía de manera tan amorosa cuando me vestía. Calentaba prenda por prenda, ¡hasta los zapatos!, que un día, tuve que avisarle que se estaban chumascando porque las suelas olían a quemado, jajajaja.

Mi madre era una madraza, me llevaba al colegio por la mañana, me recogía al mediodía, me llevaba después de comer y me iba a buscar por la tarde... todo un lujo, y lo mejor de todo, era el bocadillo de la tarde, envuelto en papel y metido en una bolsa de tela hecha por ella, y con mi nombre grabado…que recuerdos.

Al salir del cole, me daba el bocadillo y me llevaba al parque un ratito si hacía buen tiempo, y allí me reunía con alguna amiga o jugaba sola. La verdad, es que no tenía muchas amigas ni de pequeña ni de adolescente, y me sabía entretener muy bien sola.

Yo no sé vosotros, pero en mi casa los viernes, se hacía limpieza a fondo y se cambiaban sábanas y se hacía la ducha completa con lavado de pelo incluido. Yo siempre he llevado el pelo largo, y recuerdo como mi madre me lo lavaba y secaba con tanto amor. El colmo era cuando iba a la cama y las sábanas olían a limpio, bufff…

Esas sensaciones no se olvidan nunca.

Recuerdo ponerme en las piernas de mi padre y mirarnos a los ojos y cantar juntos la canción del cantante: Manolo Escobar, (papá, papá… te quiero mucho… cariño mío, y yo a ti más..), era un momento único e irrepetible, que a veces a día de hoy recuerdo con mi padre y nos emocionamos.

Los fines de semana, eran para ir a la montaña, al camping, al bosque o incluso a cazar, siiii a cazar, aún mi pesar. Por aquel entonces la caza era una práctica muy normal y frecuente los fines de semana.

Cazábamos pajaritos y al llegar a casa, mi madre los preparaba y los cocinaba para comer, ahora me sería imposible poder hacer algo así, pero en aquel tiempo, lo veía normal, y más, si era mi padre el que lo hacía, porque para mí, lo que hiciera mi padre era sagrado claro.

El domingo, era un día especial en el que, íbamos a ver a mi hermano a jugar a fútbol y al acabar el partido, regresábamos a casa a hacer el vermú y la comida. En aquella época, la fanta, las olivas, las patatas fritas, los berberechos, etc… eran un lujo, y deseabas que llegara el fin de semana, para poder comerlo.

¿Os dais cuenta qué diferencia de tiempos?

Esos tiempos, y esos valores por disfrutar en todo momento de lo que hacías, y de lo que comías y vivías…. Esos valores, que no hay que dejar perder, y por los que vale la pena volver a recuperar, porque lo creamos o no, son nuestras raíces, nuestra esencia, nuestra manera de Ser y la que nos llena de felicidad y dicha.

No olvidemos nunca de dónde venimos y lo que somos, porque esa es la magia de nuestro existir.

Momento de Reflexión

Podría estar explicando momentos maravillosos y mágicos de mi infancia, pero no quiero dar más vueltas, a lo que considero meramente importante y de lo que quiero hablar en este libro.

Por ese motivo, si os tuviera que resumir las experiencias que me han empujado a crear estas herramientas que ahora os voy a compartir y os las tuviera que nombrar, serían las siguientes:

*DE O A 6 AÑOS: Empiezo a experimentar la visualización y sentir de las energías de baja vibración o bajos Astrales. Para los que no lo entendáis, os diría de manera más sencilla y fácil, que podía percibir las energías de los Espíritus que no estaban en Paz, o no habían llegado a la Luz al fallecer.

Energéticamente, se manifestaban tocándome o ante mí, de manera fugaz, para hacerme saber que estaban en ese momento. A eso, le tenemos que añadir que era sonámbula con lo que ello comporta.

DE 6 A 9 AÑOS: Mi amor y mi sensibilidad por los Seres Humanos y todo Ser vivo, y la vida al Servicio y la Ayuda, incrementa, hasta tal punto, que el sufrimiento por no poder hacer nada en ese instante, me hace cerrarme y volverme una niña introvertida, tímida, sufridora é infeliz…

La muerte de mi querido abuelito, marcó un antes y un después en esta actitud, ya que, ver morir a un ser querido sufriendo de dolor, por un CÁNCER DE HUESOS TERMINAL para mí no era justo, pero en aquellos años no había otra solución en según qué enfermedades.

DE 9 A 13 AÑOS: Empieza un ciclo de experiencias negativas en mis años de escolaridad. Lo que hoy le llaman "bullying", ya existía en aquellos años, lo que pasa, es que no se le daba la importancia que se le tenía que haber dado, porque en aquellos años, que una monja en el colegio te cogiera de las orejas para sacarte de clase, por hablar, era normal.

Que te tiraran un diccionario a la cabeza para que no hablaras en clase, era normal. Que te dejaran en ridículo delante de todos tus compañeros porque no sabías la lección, era normal.

Que tus compañeros te insultaran o se metieran contigo por tu sobrepeso, y se rieran de ti, era normal. Que un niño te tocara, o te metiera mano, por así decirlo, y te tuvieras que callar por miedo a hablar por lo que pudieran pensar, o la bronca que te podía caer o por el miedo a que te dejaran de lado tus compañeros por decirlo, era normal.

Todo eso ocurría, y tanto que ocurría. Yo pude experimentarlo todo, absolutamente todo en mis propias carnes, hablo desde mi experiencia en primera persona.

DE 13 A 17 AÑOS: Después de éste tipo de experiencias, caigo en depresión. Mi cuerpo físico empieza a somatizar las emociones con un sobrepeso importante. El callar y no poder expresarme, por miedo a la reacción de las personas que me rodeaban, hizo que tuviera más ansiedad y tanto me daba por comer, como me daban crisis de estrés. Pasaba de un extremo al otro, según la situación que vivía en cada instante.

A los 14 años, empecé mi nuevo ciclo en el Instituto, y es dónde empieza mi época de rebeldía y expresión.

Un cambio en mi vida, de amigos, de lugar, y de pensamientos.

En el ámbito familiar, por aquella época, las faltas de respeto, y discusiones, entre mi padre y mi madre, eran la orden del día.

> *Era la relación kármica, que sus Almas habían pactado, pero una niña o adolescente, no entiende ese concepto, hasta que no tomas conciencia, y llegas al nivel de comprensión, de que todo es un "PACTO ÁLMICO, ENTRE DOS SERES, QUE TIENEN QUE SALDAR MEMORIAS DE VIDAS PASADAS, Y QUE NADA DE ESO, VA CONTIGO".*

Si a más a más, le sumamos las experiencias que tenía mi hermano por aquel entonces, con la famosa "ruta del bacalao", en la que desaparecía el viernes para irse de fiesta, y aparecía el lunes por la mañana, para supuestamente ir a trabajar…

Entonces se llevaba eso, experimentar la vida nocturna a topeeeee, con estupefacientes más que nunca, era una moda, y era raro el que no lo hacía. Días intensos a tope, de fiesta, trasnochar, empalmar una fiesta con otra, vivir como si no hubiera un mañana…era la moda.

Imaginaros, yo, en medio de todo este "sarao". A veces me sentaba y veía todo como una película y yo, como una espectadora, me sentía fuera de todo aquello, pero al mismo tiempo, involucrada, porque de alguna manera u otra, todo me salpicaba a mí. Era como si yo fuera la descarga de todos, y al mismo tiempo, invisible a veces.

Si me metía por medio de una discusión entre mis padres, y quería separarlos, para que no discutieran más e hicieran las paces, recibía yo, ya fuera una mala contestación o una mala palabra,por parte de alguno de ellos, por mi bien, seguramente, lo único, que yo en ese momento no lo vivía así.

Si me metía por medio a separar a mi hermano, de algún conflicto, ya fuera por futbol, o por malas juntas, ¿Quién recibía? Yo.

De la manera que fuera, yo siempre acababa desfavorecida. Simplemente, mi intención era ver bien a las personas, y ayudar a evitar conflictos y actos de violencia, pero con el tiempo he aprendido, que cada uno, tiene que ser responsable de sus actos, y que no podemos cambiar el mundo.

Al fin y al cabo, solo podemos ayudar a tomar conciencia, pero las personas eligen un destino, un estilo de vida o un propósito, y no significa que tenga que ser el mismo que el nuestro, por ese motivo, tenemos que aprender a respetar los actos de cada ser individual, y con Amor, sólo con Amor y Compasión, aceptar y acompañar de manera incondicional.

Con 13 años, fue la primera vez que me enamoré de un chico. Recuerdo como si fuera ayer, que salir a la calle con grupo de niños y niñas, en mi familia no estaba bien visto. Los patrones mentales de mis padres eran muy rígidos, y lo que habían vivido ellos en su infancia, aún lo eran más.

Recuerdo una tarde, que quería salir para ver al chico que me gustaba, y tuve que mentir y decir que iba con una amiga a merendar. Fue algo precioso, poder encontrarte con el chico que te gustaba, estar con él, e incluso poder besarte por primera vez. Lo peor fue cuando llegué a casa, mis padres habían llamado a los padres de mi amiga, y se cercionaron de que no estábamos juntas la mitad de la tarde

Al llegar a casa, mi padre no esperó ni que entrara en el piso, al entrar al portal del bloque, se dirigió a mí, y empezó a darme azotes hasta subir a casa, pero eso no quedó ahí, siguió pegándome en la habitación, con tal fuerza, que en uno de los golpes, me empujó, con tan mala suerte, que me dí con el pico de la cama en un ojo.

Al ver que caía al suelo golpeada, paró, y tomó conciencia de lo que estaba pasando. Antes era normal, que los padres pegaran a sus hijos, un azote, una paliza o una torta bien dada.

Formaba parte de la educación, y era una programación que ellos llevaban de su infancia y adolescencia también. No lo justifico, pero era lo que ellos habían recibido, y no sabían hacerlo de mejor manera.

Su cara de pavor puso fin a sus acciones y si no recuerdo mal, lloró al ver lo que allí había ocurrido y lo que hubiera podido pasar. Al día siguiente, mi ojo estaba totalmente inflamado y morado, y en el colegio, recuerdo que mis compañeros me preguntaban y se burlaban de mí.

Os aseguro, que con la conciencia que tengo hoy, mi padre no era dueño de sus actos, era su EGO, su RABIA CONTENIDA, SU IMPOTENCIA Y PERSONALIDAD FALSA, CREADA POR EL EGO, y sus memorias del pasado, de su niñez, del sufrimiento vivido cuando era un niño inocente… era la mente, la ignorancia, y las memorias vividas, lo que le manipulaban a hacer algo así.

Con los años lo he podido confirmar, porque a día de hoy, mi padre es la persona más inofensiva y humilde que pisa la Tierra, y su arrepentimiento, su auto culpa y su sufrimiento, están presentes hoy en su vida, en el reflejo de su mirada y en sus actos de sanar y querer recuperar el tiempo perdido haciendo las cosas bien.

Para mí, mi padre ha sido un gran Maestro y un regalo de vida, con él y gracias a él, he aprendido a trabajar el perdón y su significado, y eso es algo maravilloso.

El hecho de verlo hace unos años como un enemigo y tenerle rabia, a verlo hoy por hoy, como mi padre, un Ser indefenso por los actos cometidos, manipulado por su Ego, manipulado por su experiencia de vida en su infancia, por su sufrimiento, por sus miedos, por su falta de autoestima, por su falta de Amor no recibido…

La infancia de mi padre, fue muy dura. La relación que los padres de mi padre tenían era una relación completamente machista y de esclavitud. Mi abuelo bebía muchísimo, y le pegaba a mi abuela palizas y la maltrataba verbalmente.

Mi padre nunca me ha explicado eso, pero mi madre sí me lo explicó una vez.

Cuando mis abuelos discutían y sucedían aquellas escenas de maltrato, mi padre se escondía debajo de la cama con pánico, y tardaba horas en salir de allí. Las palizas eran el pan de cada día.

A los 18 años, mi padre tuvo que marchar al servicio militar, pero a mitad de servicio, lo llamaron al campamento, para darle la peor noticia de su vida. Su madre había fallecido.

En la llamada telefónica, sólo le informaron de que su madre estaba muy enferma, y que tenía que volver a casa. No quisieron darle la noticia a distancia, para no condicionar su regreso y que su viaje de vuelta, dentro de lo que cabe, fuera más tranquilo.

Cuando llegó a casa, se encontró con la triste realidad, el cuerpo de su madre, yacía en la cama sin vida. Su madre, un Ser que había sido humilde, de buena fe, amorosa con él, ya no estaría para el resto de sus días con el niño de sus ojos.

Un cáncer de hígado fulminante, somatizado por el gran sufrimiento vivido, acabó con su vida.

. . . .

El hígado, para los que no lo sepáis, es el órgano que gestiona las emociones de rabia, ira, impotencia y sufrimiento. Si esas emociones, no se trabajan o se canalizan de manera correcta, el cuerpo somatiza con la enfermedad, y si no lo escuchamos y ponemos solución, morimos.

Hablaré de todo esto en las 7 claves de sanación de tu niño interior.

¿Porqué os explico esto? Porque por regla general, los patrones de nuestros antepasados y ancestros, se repiten, hasta que un miembro de la familia, decide tomar conciencia y sanar esos patrones y saldar, y sanar el árbol genealógico de tres generaciones por encima nuestro.

Yo era y soy, esa generación que venía a sanar ese árbol generacional. Por eso, me sentía la oveja negra, la invisible, la no escuchada, la ignorada, la rara, la... TODO.

. . . .

Cuando no tienes la conciencia de que eres la persona que ha venido a sanar su linaje, es muy difícil vivir en armonía y ser feliz, hasta que lo integras desde la verdad que es.

Os puedo asegurar, que cuando tenía 16 años, un día de aquellos que estaba tan agobiada, por sentir-

me de esa manera, y de sentirme tan sola e invisible, cogí un cuchillo, y mi intención de quitarme la vida, cortándome las venas, era lo mejor que me podía pasar en aquel momento.

Pero algo, dentro de mí, me dijo: NO LO HAGAS. Le di la vuelta al cuchillo por la parte que no cortaba, y me marqué la parte donde hubiera puesto fin a mi vida. Luego pensé, esa marca es la que hubiera puesto punto y final a este ciclo, si no le hubiera dado la vuelta, y sentí que no hacerlo era lo mejor que había ocurrido.

Por primera vez, escuché la voz de mi Alma. La que nunca falla.

El colapso emocional, por todo lo vivido hasta entonces: mis experiencias con los espíritus, sonambulismo, bullying, maltratos verbales, discusiones repetidas, drogas, muertes de diferentes seres queridos y amigos, sufrimiento, etc… habían colapsado mi vida.

¿CÓMO CREÉIS QUE ESTABA MI NIÑA INTERIOR?

Momento de Reflexión

***DE 18 A 42 AÑOS:** Mi ciclo de vida, me ha ido enseñando y he ido aprendiendo y experimentando, que en una pareja, se crea un "rol", que sólo ellos dos permiten y es cosa de ellos. En el caso de mis padres, si entre ellos habían discusiones y maltratos verbales, era porque los dos lo permitían y los dos, eran res-

ponsables de sus actos. Mi madre, porque provocaba las discusiones por su manera de ser, su cabezonería, por su niña interior herida de no haber recibido el cariño que esperaba por parte de madre, y por su experiencia de vida, de escasez, porque los recurso familiares eran escasos, no pudo estudiar, solamente pudo hacerlo dos años, porque los profesores iban a las casas, y cuando dejaron de ir, no pudo seguir estudiando…imaginaros.

Eso le llevó, a que tuvo que empezar a trabajar en el campo cuando era una niña con 9 años. No tuvo infancia y eso con los años pasa factura. La única válvula de escape, fue conocer a mi padre con 17 años y casarse cuando tenía 23 años.

Para mi padre, la misma válvula de escape fue esa. Daros cuenta, que los dos, eran niños heridos por sus infancias y memorias del pasado. Dos niños enfrentados en el día a día, a sus heridas, y a exigirle al otro, lo que ellos por carencia no habían recibido por parte de sus padres, abuelos, hermanos, amigos…

Dos niños, que exigían a su pareja, lo que ellos mismos no tenían hacia su persona, Amor.

Dos niños vacíos de sentimiento de Amor, perdidos, buscando fuera lo que sin saber, tenían dentro.

Yo repetí el patrón de buscar libertad, cuando con 17 años conocí a Carlos, igual que mis padres. Pero Carlos, también le ocurría lo mismo, ya que él, también tuvo una infancia y adolescencia difícil.

¿OS DÁIS CUENTA DE CÓMO SE REPITEN LOS PATRONES, GENERACIONALES?

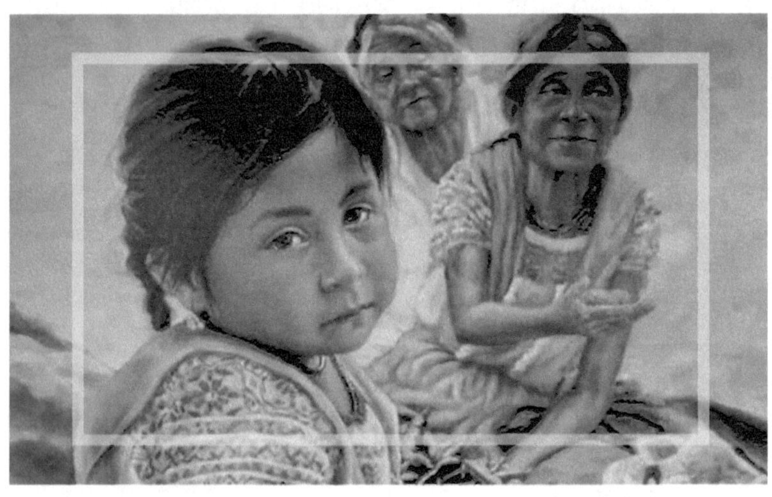

Mi matrimonio nunca podría ser un ÉXITO, ya que, mi niña interior estaba herida, y si no la sanaba repetiría los mismos patrones familiares de sufrimiento.

En mi segundo libro: "LOS CONFLICTOS DE PAREJA Y EL NIÑO INTERIOR HERIDO", hablaré de los muchos fracasos de parejas que se quieren, y que por no sanar sus niños heridos, se llegan a separar, como fue mi caso. También hablo de cómo trabajar esos conflictos, para tener relaciones exitosas con tu niño y con tus parejas.

Por ese motivo, a la edad de 30 años decido ponerme en serio y buscar alternativas y soluciones a mis heridas y a mi sufrimiento.

Empecé por apuntarme a Yoga, y eso me ayudó a trabajar la quietud, la respiración y tomar conciencia del Aquí y Ahora. Eso me llevó a aprender a meditar, que para mí, es una de las CLAVES MÁS IMPORTANTES, de hecho, es una de las 7 CLAVES DE ESTE LIBRO y la explicaré de manera más extensa cuando entremos en detalle de cada clave.

Asistí a Retiros Espirituales, Celebraciones Indús, empecé a estudiar Terapias Alternativas como: Reflexología, Reiki Usui Nivel I, II, III, Y Maestría, Reiki Karuna nlvel I Y II, Acupuntura Zonal, Masaje Ayurveda, Masaje con Pindas Terapéuticas, Yoga para Niños, Registros Akásicos, Arquetipos, Meditaciones Budistas, Cursos de los 7 Rayos y los Arcángeles, Fitoterapia y Técnica Metamórfica, ¿qué os parece?

Pues aún así, me sentía muy llena de conocimiento, pero muy vacía de Amor.Mi Ego se alimentaba de aprendizaje, siempre buscando en el exterior, lo que llevaba toda la vida conmigo en mi interior. Pero al Ego ya le va bien distraernos y alimentar el Ego Espiritual.

Lo más verdadero que sentí, fue cuando empecé a ir a terapia con mi amiga Marta.Ella me mostró cómo funciona el Ego, la Mente y el Alma.

Recuerdo que en la primera terapia que hice con Marta, casi todo lo que me explicaba de física cuántica me sonaba a chino.

Pronto, empecé a familiarizarme con ese mundo que nos rodea energéticamente y no vemos, pero que tan importante es tenerlo presente, entenderlo y practicarlo, ya que somos eso.

Marta me enseñó la importancia de Mente-Corazón, lo separados que los tenemos y el potencial que tendrían los dos juntos, si supiéramos afinarlos y fusionarlos a los dos.

La primera pregunta que le hice fue: ¿qué es el Ego?, a lo que ella me contestó: "el Ego, es todo aquel sentimiento que te quita la Paz Interior"…¡¡¡guauuuuu!!!

Entonces, respondí yo: "¡el Ego, es todo, excepto el Amor!".

Eso es, respondió Marta, imagínate cuántas formas y trajes tiene el Ego, y de cuántas maneras sutiles se nos filtra, miles y miles. Es nuestra Maestría, la Maestría de la Vida es detectar el Ego y transformarlo en Amor y Trascenderlo.

¿Y qué herramienta utiliza el Ego para manifestarse?, pregunté.

A lo que ella me respondió: "la Mente, es el arma más poderosa que utiliza el Ego, para manifestarse y crear su mundo ilusorio, irreal y subrealista, por eso, tenemos que entrenar nuestra mente a diario, como si fuera nuestro gimnasio. De esa manera no tomará fuerza y con entrenamiento

duro, aprenderemos a identificar el Ego, cada vez más rápido.

La mente es muy necesaria y positiva si se utiliza bien, de manera que así, podremos crear lo que queramos desde el crecimiento personal y el aprendizaje, y no, desde la destrucción y la manipulación.

Si aprendemos a alinear Mente-Corazón, el potencial que podemos crear es Infinito. Imaginaros la fuerza de la Mente pudiendo crear, desde la fuerza del Amor Incondicional, los dos, siendo UNO.

Esa es la Gran Escuela de Vida, que ha venido a desarrollar el Ser Humano, la Maestría en esta vida Terrenal, como Ser Espiritual, es transmutar nuestros Egos, y transformarlos en Amor, y trascender esa energía para dar un salto más, en nuestra Evolución como Seres de Luz.

Momento de Reflexión

Con Marta experimenté una gran parte de sanación de Memorias Celulares, otra cosa que tampoco supe su significado, hasta que ella me lo explicó y lo pude experimentar.

A día de hoy, siempre me dice: ***"Nuria, somos como una cebolla, hemos vivido muchas vidas, muchas experiencias, sufrimiento, aprendizaje, diferentes personajes y diferentes lugares, y todo ello, tiene una memoria celular, que vida tras vida, va con nosotros, hasta que desencarnemos de nuestro físico de manera definitiva, y ya no volvamos a este Plano como Seres Terrenales.***

¡Madre mía, dije yo!, cuánta información traemos que no somos conscientes, si no, que queda en el subconsciente y supraconsciente.

Un ejemplo: ¿no te ha pasado alguna vez, que viajas por primera vez a un lugar, y cuándo llegas allí, dices: YO YA HE ESTADO AQUÍ?

¿O qué acabas de conocer a alguien, y al cabo de media hora, te parece que la conocieras de toda la vida?

Son pequeños ejemplos, de que no sólo hemos vivido esta vida, si no, muchas más, y de que, tenemos un aprendizaje y un Karma que saldar, como si de una factura se tratara, y hasta que nuestra "Rueda de la Vida", no salda esa factura, no nos vamos de aquí.

Con este ejemplo, ahora podréis imaginar, que TODOS SOMOS NIÑOS HERIDOS, si contamos, que todos traemos Memorias de otras Vidas y traemos sufrimiento y experiencias negativas a la vida actual.

Con Marta aprendí a conectar con mi Niña Interior Herida. Yo no era consciente de lo mal que estaba mi niña, hasta que empecé a trabajar con ella y hacer un repaso de mi vida, como si de una película se tratara.

Tomé conciencia, de que tenía mucha rabia, e impotencia, por mis padres, por mi hermano y por otras personas, que habían formado y formaban, parte de mi vida, y a los cuales yo no podía ayudar. Y no fui consciente, de qué punto, hasta que no conecté con ella, esa niña tímida, de ojos tristes, con miedo, y con sentimiento de incertidumbre por la vida y por su soledad.

Marta me enseñó a comunicarme con ella, a conectar con mis cuerpos sutiles, mis vehículos y mis memorias. Me costó varios años, trabajar el perdón hacia mi padre, la rabia hacia mi madre y la impotencia que me hacía sentir, cuando me anulaba como mujer ante mi hermano, sólo por el hecho de ser mujer.

Mi madre me inculcó, que las mujeres estábamos para servir a los hombres, y que una mujer no tenía los mismos derechos que el hombre, por ser mujer.

Ahí entendí el rol, que mis padres tenían, y que arrastraban de otras vidas, y que en esta, estaban saldando.

Llegué a tener mucha rabia por mi madre, por su conducta y porque me creí tanto ese papel de mujer sumisa, que llegué al punto, de anularme como persona y tener la autoestima por los suelos.

Imaginaros, cuando yo quería salir con mis amigas, y no me dejaban salir, yo le preguntaba: ¿por qué mi hermano sí y yo no?, y me contestaba:"porque tu hermano es un hombre, y tú eres una mujer, cuando seas mayor de edad, ya harás lo que quieras"

Y llegó mi mayoría de edad, y todo seguía igual. Mis amigas salían a la discoteca, o al cine, o de vacaciones, y yo no podía.

Cuando salía a la discoteca, tenía que volver a las 22h, en punto, porque si volvía más tarde, al fin de semana siguiente, no salía. Y de nuevo la famosa pregunta:¿ Y porqué mi hermano si puede llegar a la hora que quiera y yo no?, respuesta de mi madre:"porque tu hermano es un hombre y tú, eres una mujer"

Y así, infinidades de veces…en diversas ocasiones y situaciones. Lo que sí me quedó claro, es que soy una mujer,¡¡¡jajajaj!!!

Es una ironía….¡TE QUIERO MUCHÍSIMO MAMÁ!

Me ha costado muchísimo creer que soy merecedora de lo mejor de la vida, que soy CO-CREADORA DE MI DESTINO, y que yo, y sólo yo, soy una pieza ÚNICA Y EXCLUSIVA EN ÉSTE MUNDO. Todos somos piezas únicas y exclusivas, que formamos parte de un TODO, UNA PIEZA COMPLEMENTA LA OTRA Y VICEVERSA, TODOS SOMOS ÚNICOS Y EXCLUSIVOS, Y MUY NECESARIOS PARA ESTE MUNDO.

Trabajo a día de hoy, el Amor propio y el respeto por mí misma y por todos los Seres.

Y doy Miles de Gracias, por todo lo vivido, porque sin todas esas experiencias, yo no hubiera aprendido, lo que son los OPUESTOS.

No hubiera aprendido lo que es perdonar, si no hubiera tenido a mi querido padre.

No hubiera aprendido lo que es la rabia y la impotencia, si no hubiera tenido a mi querida madre.

No hubiera aprendido lo que es el Amor, si ellos no hubieran estado ahí para mostrarme el opuesto… BENDITOS SEAN.

Y así, el aprendizaje, con mi hermano, mi marido, mis amigos, etc… A todos, Gracias, Gracias, Gracias. OS AMO.

PERDÓNAME, LO SIENTO, GRACIAS, TE AMO.

En una de nuestras sesiones, pude experimentar lo que se siente en una Regresión…sí, una Regresión.

Para mí, oír la palabra Regresión, me sonaba a exorcismo, o manipulación, vamos, que me daba muy mal rollo. Pero nunca más lejos de la realidad.

Como todo en la vida, hay que ponerse en buenas manos, para llevar a cabo cualquier práctica que sea delicada y yo, estaba en las mejores manos. Nunca me imaginé que experimentaría algo así,

pero ese día, yo no lo pedí, mi Alma hizo esa función por sí sola, porque era necesario para mi Evolución Espiritual.

Recuerdo, que después de hablar un rato, me dirigí a estirarme en la camilla, como hacíamos siempre. Marta, siempre me guiaba en la respiración, y me ayudaba a llegar a un estado de profunda relajación de mi cuerpo físico.

Mi cuerpo se relajaba poco a poco, y llegó un momento, en el que, la separación entre Alma y cuerpo físico, se hizo real. Mi respiración era tan fina y sutil, que parecía que no respiraba, y al cabo de pocos minutos, me "desdoblé", sí, como lo lees. Mi Alma fue ascendiendo a la altura de dos metros aproximadamente, y me pude ver en la camilla, estirada, con los ojos cerrados, en absoluta PAZ. Sólo puedo decir, que fue algo increíble, no recuerdo haber sentido tanta Paz desde entonces.

Fueron segundos, pero Únicos.

Al unirse de nuevo, cuerpo y Alma, volví al Aquí y Ahora, pero muy relajada, aún seguía con los ojos cerrados y estirada en la camilla.

A los pocos minutos, de repente, empecé a ver unas imágenes. Yo estaba de espectadora, y todo se iba desarrollando como si estuviera en un cine. Las imágenes eran claras, de un color sépia y muy reales.

Veía una chica de unos 30 años, aproximadamente, vestida con ropa del año 1900, pelo castaño con un recogido en forma de moño bajo, pelo ondulado, delgada, con un vestido de cuello de encaje, largo, color crudo y manga larga. Era una chica muy tímida, reservada y con una elegancia y un saber estar impecable. Miraba por la ventana de una habitación muy grande, una habitación gris, que transmitía tristeza en su ambiente. La habitación tendría unos veinticinco metros cuadrados aproximadamente.

Allí se encontraba una cuna de bebé, un sofá, armarios, y una mecedora de madera.

¿Qué miraba por la ventana? Miraba cómo jugaban tres niños, en el patio delantero de la casa. Una niña de 9 años, y dos niños, uno de 8 años y otro de 7 años.

Los miraba con tristeza, impotencia y dolor, ya que, en aquella época, la gente adinerada y de estatus alto, tenía la "nany" que cuidaba de sus hijos. Aquellos niños, me miraban desde abajo, hacia la ventana donde yo estaba, con tristeza y soledad.

Se sentían abandonados, y con la falta de cariño y amor que una madre sólo puede dar al criar de sus hijos. Yo solo estaba pendiente de la bebé que tenía en aquella habitación, y me juré, que nunca más repetiría ese patrón de no poder estar con mis hijos, cómo se merecían.

Mientras reflexionaba en esa situación, apareció mi marido, un hombre delgado, alto, moreno de pelo y con bigote, pero de piel blanca, y vestimenta con traje y pajarita y un reloj colgado de uno de sus bolsillos de la americana que llevaba. Un hombre de carácter brusco, terco y violento en sus acciones y palabras.

En aquella época, el hombre tenía la "batuta", y la mujer, éramos el florero y la acompañante perfecta e impoluta y sumisa del hombre.

¿Os dais cuenta de cuántos años, llevamos integrados el machismo?

Hablo del año 1900, y estamos en el año 2019, y eso, es sólo el principio, porque antes del 1900 también existía claro.

Pero lo más importante de toda esta experiencia que os explico, ¿sabéis lo qué es?, que mi Alma, conectó con aquellas tres Almas inocentes, aquella niña y los dos niños que no cuidé.

Aquellas tres Almas, son las que en ésta vida, con la Conciencia de Amor que tengo, vinieron a saldar su energía de compensación… las tres Almas, de los tres abortos que he tenido en la actualidad.

Mi "karma", tenía que saldarse y de hecho, es lo que estamos haciendo Aquí y Ahora, y desde la comprensión, la conciencia y el respeto y sobre todo, desde el Amor Incondicional, les doy las gracias a estas tres maravillosas ALMAS, por mostrarme una verdad y hacerme ser más consciente.

En gratitud a ellas, llamados: LUCIA, MARC Y PAU, mis tres tesoros, mis tres Ángeles en el cielo, mis tres Guerreros de LUZ, les pido PERDÓN y les agradezco el hecho de poder experimentar, algo así, ya que, desde el conocimiento que hoy por hoy tengo, si nos volvemos a encontrar en otra vida, será desde el Amor Incondicional, y el verdadero SER, para que nuestra experiencia se viva diferente.

Sin ellos, no hubiera aprendido la lección, no hubiera sentido lo que es sufrir el desapego, no hubiera sabido lo que es sentir amor, y que te lo quiten. A los tres…GRACIAS, GRACIAS, GRACIAS, desde el Ser de Luz que sois, sé que me estáis viendo, y que vibramos en PAZ Y ARMONÍA, aquello ya pasó, Aquí y Ahora, TODO ESTÁ BIEN, TODO ES PERFECTO.

"ALLÍ DÓNDE ESTÉIS...GRÁCIAS, GRÁCIAS, GRÁCIAS..."

Momento de Reflexión

Mis queridos lectores, viendo una milésima parte, de cómo funciona la energía, cómo funciona el Universo, el Cosmos, nosotros los Seres Espirituales viviendo una Experiencia en la Tierra, *voy a compartir con vosotros, LAS 7 CLAVES PARA SANAR LAS HERIDAS DE LA INFANCIA, y que puedas ser, un adulto más LIBRE Y FELIZ.*

Todo, absolutamente todo, lo que explico en éste libro, es en base a mis propias experiencias, en primera persona y todo lo que he podido ir aprendiendo en el transcurso de ésta vida.

También me atrevo a compartir, de manera anónima y confidencial, experiencias de mis pacientes, porque como Terapeuta, he aprendido muchísimo acompañando a muchas personas en su crecimiento personal, que no deja de ser el mío también, en paralelo a ellos, porque todos somos Maestros de Todos, i al igual que yo les podía guiar, con ellos yo me sanaba y me hacían de espejo, en diversas ocasiones.

Es maravilloso, ¿verdad?

PRIMERA CLAVE:
PRÁCTICA DE MINDFULNESS

La técnica del Mindfulness, también llamada atención plena ó conciencia plena, consiste en estar atento de manera intencional a lo que hacemos, sin juzgar, apegarse, o rechazar en alguna forma la experiencia.

Es una práctica basada en la meditación vipassana. Consiste en prestar atención desapasionada a los pensamientos, las emociones, las sensaciones corporales y al ambiente circundante, sin juzgar si son adecuados. La atención se enfoca en lo que se percibe, sin preocuparse por los problemas, por sus causas y consecuencias.

La técnica Mindfulness, se suele aplicar con objetivos diversos, con la idea de mitigar el estrés, y el sufrimiento y mejorar la calidad de vida de las personas. Esta práctica no está vinculada a ninguna religión o filosofía de vida determinada.

Es simplemente, una práctica que puede convertirse en una herramienta para mejorar la calidad de vida de las personas de manera demostrable.

En mis Talleres, "REENCUENTRO CON TU NIÑ@ INTERIOR", suelo hacer la práctica de Mindfulness al iniciar el Taller y al finalizarlo, para hacer una comparativa, y tomar así, más conciencia del ejercicio.

Cuando estudié Mindfulness, nos enseñaron una Técnica que funciona muy bien en los niños, en los adultos también, claro está, pero marco mucho en los niños, porque muchísimas veces no saben o no pueden expresar, lo que sienten y con la técnica de dibujo y Mindfulness, se consiguen resultados espectaculares, sobre todo, a la hora de detectar qué emoción es la que en ese preciso instante, le está quitando su paz interior, le está angustiando, le está estresando, etc…

Dijéramos, que es una comunicación no verbal, pero muy eficaz.

Una técnica que me encantaría poder empezar a aplicar en las Escuelas, para proporcionar así, más calidad de vida en los alumnos, más seguridad en sí mismos, más tranquilidad y poder ayudarlos a gestionar su estrés del día a día, que por desgracia, es la enfermedad del siglo XXI.

Imaginaros, que nuestros niños, puedan aplicar ésta técnica, antes de un examen, un evento público, o simplemente en su día a día, y de manera sencilla y eficaz. Genial, ¿no?

Y a lo mejor os preguntáis ¿qué tiene que ver ésta técnica con la sanación del niño interior?, pues muchísimo.

A un niño, le ayuda a localizar su emoción contenida o bloqueada en el tiempo. Y a nosotros, cuando tenemos el niño interior herido, nos ayuda a localizar esa emoción enquistada de años y años, normalmente, y nos ayuda así, a ponerle nombre, forma y color, a un impacto emocional de intensidad, que nos va marcando el día a día y no nos deja avanzar de manera plena y feliz.

De esa manera, podemos identificar y ponerle nombre a lo que nos pasa, y poder así, llegarlo a solucionar.

Muchas veces, esa emoción nos da el resultado, lo trabajamos y a por otra cosa mariposa, pero otras muchísimas veces, tenemos que indagar más, é ir a la raíz del problema en cuestión, con otras técnicas añadidas.

¿Cómo llevo a cabo la técnica de dibujo y Mindfulness?

Pues de una manera muy sencilla.

Como os he dicho antes, en mis Talleres, el primer ejercicio que hacemos, después de presentarnos y compartir el porqué estamos en el Taller y qué queremos obtener del mismo, doy paso a éste ejercicio.

Mis Talleres se inician y se finalizan en círculo, es decir, empezamos de pié en un círculo y lo acabamos igual, porque así la energía se trabaja de manera más concentrada y más armoniosa.

Bueno, al grano… ¡¡jajaja!

Les hago coger un folio en blanco y pongo muchos rotuladores de diferentes colores en el centro del círculo.

Una vez papel en mano, les hago cerrar los ojos, y les hago tomar conciencia de la respiración, realizando tres respiraciones profundas, cogiendo aire por la nariz y soltando por la boca.

Les digo, que cuando cogemos aire por la nariz, es un aire que vamos a aprovechar, para después expulsarlo por la boca, visualizando en el momento de la exhalación, que ese aire, es una emoción, una situación, o simplemente una tensión, que ya no necesitamos y no queremos y que con toda intensidad, aprovechamos para soltar y dejar ir con la exhalación.

Ése es el primer paso para estar en el Aquí y Ahora y tomar conciencia del momento presente.

Una vez hechas las tres respiraciones, les pregunto, que piensen en la primera emoción que les viene, y que le pongan un nombre, sobre todo, la primera emoción y digo la primera, porque es la que proviene del Alma, las siguientes emociones, ya provienen de la mente.

En total silencio, una vez que tienen la emoción localizada y con nombre propio, les hago que escriban el nombre en un lateral del folio.

Seguidamente, les digo que localicen dónde se genera dicha emoción: en la cabeza, en el estómago, en un pié, en el corazón, etc... y que la tengan bien localizada y no se dispersen.

En silencio, les digo que dibujen el contorno de una persona y que, seguidamente, localicen y sitúen mediante el dibujo el punto dónde nace la emoción.

Les pregunto: ¿Qué color le pondrías a dicha emoción?, y lo dibujan, cogiendo el rotulador que asocian, color-emoción.

Les pregunto: ¿Qué forma de darías a la emoción?, y entre muchas, algunos dibujan una espiral, otros un zig-zag, etc... cada uno, fluyendo en su sentir desde su intimidad.

De nuevo, les hago cerrar los ojos, y les pregunto: ¿Cómo te sientes ahora que has localizado tu emoción, le has puesto nombre, forma y color?

Les hago ponerse las manos en la zona que han identificado la emoción, y les dejo sentir, escucharse, fluir...

Les digo, que esa sensación irá transformándose, conforme vaya desarrollándose el Taller, ya que, una vez identificada y puestos a trabajarla, esa emoción irá disminuyendo, haciéndote sentir mucho mejor.

Después de éste ejercicio, seguimos con el taller y al finalizarlo, lo volvemos a repetir, haciendo los mismos pasos, y os puedo garantizar, que la comparativa del primero y el segundo dibujo, cambia por completo en positivo.

Como os decía, esto lo aplico en los Talleres, pero en niños de edad escolar, adolescentes y adultos, para aplicarlo en el día a día, es maravilloso.

Por eso, considero que ésta es la primera CLAVE, para empezar la sanación de tu niño. Identificar la emoción que nos invade continuamente, y nos acompaña en nuestro día a día, no dejando así, paso a nuestro bienestar. Una clave sencilla, eficaz y que se puede compartir con otros para poder ayudarlos también en su bienestar.

En resumen: Técnica Mindfulness con dibujo é Introspección (Ir hacia dentro), para detectar o identificar, la emoción que nos bloquea y no nos deja avanzar. Normalmente es una emoción, que se repite en días, ocasiones, o situaciones en las que nos relacionamos con otras personas.

De una manera u otra, siempre, esa emoción encuentra la manera de mostrarse, para alertarnos de que tenemos que escucharla y ponerle solución. Siempre que estemos predispuestos a hacerlo y lo sintamos, claro está.

Yo soy partidaria de hacer la Técnica Mindfulness con dibujo, porque cuando lo vemos reflejado en papel, tomamos conciencia más rápido, que si solamente lo imaginamos, momento en que la mente puede jugar contigo y confundirte o dispersarte.

Momento de reflexión

SEGUNDA CLAVE:

INDAGACIÓN

Cuando hablo de indagación, me refiero que una vez identificada la emoción que nos bloquea, y nos hace sufrir, es importante que tomemos conciencia, de que la mayoría de las veces, esa emoción la sentimos nosotros, pero no es nuestra.

Habrá situaciones en las que sí seamos nosotros los responsables de sufrir por diferentes motivos, pero en la mayoría de casos, son emociones que traemos a nivel celular, por recuerdos, o por impactos, ahora lo explico más detallado para que se pueda entender.

Voy a nombrar diferentes casos que pueden llegar a bloquear, o causar sufrimiento a un niño, arrastrando así ese sufrimiento a su edad adulta, sin ser consciente de ello, y provocándole así, diferentes conflictos internos que impiden su desarrollo personal limitando su felicidad como Ser.

Conforme he ido recibiendo ésta información que ahora os voy a compartir, he podido ir transformando mi persona, mi vida, y me ha hecho comprender muchísimas cosas y me ha ayudado a trascenderlas.

DIFERENTES CAUSAS QUE LLEGAN A BLOQUEAR Y HACER SUFRIR A NUESTRO NIÑO:

 ## *PRIMERA CAUSA:*

Cuando nuestra madre está embarazada de nosotros, toda emoción generada por ella, nos es traspasada a nivel celular.

Un ejemplo: si en el momento que nuestra madre está embarazada de nosotros, vive una experiencia de pérdida de un padre, por ejemplo, ese sufrimiento, esa pena, ese desapego y ese dolor, lo recibimos nosotros como feto.

Hay que tener claro un detalle importante, de 0 a 3 meses de gestación, el Alma del bebé entra y sale de la parte física de la madre, por así decirlo, aunque suene raro. Por eso los médicos dicen, que son muy importantes los tres primeros meses de gestación de la madre y su bebé, técnicamente son los meses más delicados, porque hay Almas que a nivel energético, no soportan encarnar en la materia, y es así, cuando se produce un aborto, los médicos no lo van a explicar así, porque ellos en su conocimiento, lo explican de manera científica y es perfecto, pero a nivel energético funciona así.

Imaginaros cuando la madre que está gestando, tiene alguna adicción, ya sea de drogas, alcohol, tabaco, etc…

Es muy importante tomar conciencia de ello por el precio que podemos llegar a pagar.

Acordaros cómo a mí, en mi caso, me pasó factura todo ello.

Mi primer aborto, por estrés laboral, el segundo por tomar mis vinitos y mis cervezas de vez en cuando pensando que eso no me dañaría, y el tercer aborto, por sufrimiento de una serie de circunstancias que acontecían en mi vida en ese momento.

¿Os dais cuenta, de que un embarazo debe ser algo sagrado y maravilloso, que debamos disfrutar y respetar, desde cada segundo de conciencia, teniendo en cuenta que cualquier detalle por pequeño que sea y cualquier experiencia, la estamos traspasando a nuestro bebé?

A eso se le llama embarazo consciente, que por suerte, cada vez más se lleva a cabo y cada vez tenemos más información y herramientas que nos ayudan.

En resumen: Emociones vividas por la madre en su embarazo, son emociones que recibimos los hijos, y emociones que arrastramos por el resto de nuestra vida, si no tomamos conciencia de ello y las trabajamos.

¿Vais viendo un poco por dónde voy no? Y esto sólo es el principio.

 **## SEGUNDA CAUSA:**

La energía anterior de otro embarazo, nos afecta, tanto en positivo como en negativo. Me explico. Los que somos hermanos pequeños, solemos sufrir las emociones de cualquier acontecimiento doloroso, enfermedad, etc... del embarazo anterior o los embarazos anteriores. El vientre materno ha sido "marcado", por unas memorias anteriores a nuestro embarazo, lo que significa, que si hubo un aborto anterior a nuestro embarazo, esa memoria celular está ahí.

O en el caso de que la madre esté embarazada de gemelos ó mellizos y pierda uno, el otro bebé que llega a nacer, tendrá una emoción de sufrimiento, por el lazo emocional y energético que les unía. Puede que ese niño, desarrolle sentimiento de soledad, desapego doloroso, entre algunos motivos, y que no sepa por qué le ocurre o por qué se siente así.

Por ese motivo, es importantísimo INDAGAR toda la información, y obtener todo tipo de detalles posibles en respecto a cómo vivieron nuestras madres los embarazos. Porque toda la información que podamos recibir, es muy valiosa y puede llegar a ser la CLAVE de nuestros bloqueos. Cuanta más información tengamos mejor.

Cuando recibí esta increíble información, empecé a INDAGAR en mi ÁRBOL GENEALÓGICO Y MIS ANCESTROS, todo un mundo por delante para obtener información muy valiosa y de alto impacto emocional. Creéroslo, increíble.

En diferentes ocasiones, reunida de manera íntima con mi madre, solíamos quedar para comer juntas y yo, aprovechaba para indagar y obtener información.

Después de muchos encuentros a solas, os resumo aquí, algunas de las preguntas que yo le hice a mi madre:

-¿Mamá, cómo fue tu embarazo cuando estabas embarazada de mí?

-¿Fue un embarazo deseado?

-¿Sufriste alguna enfermedad estando embarazada?

-¿Viviste algún acontecimiento en esos meses de gestación, que te hicieran sufrir, cómo una pérdida de algún ser querido, un disgusto, o una situación de estrés, por ejemplo?

-¿Cómo estaban tus padres o tus hermanos, (en el caso que tuviera hermanos), en ese momento? ¿Estaban bien, saludables, o por el contrario, estaban enfermos, o fallecieron?

Estas son algunas preguntas que le hice yo a mi madre, y no os podéis llegar a imaginar, lo que me llegaron a ayudar, y la información que recibí.

Cuando hacemos un trabajo personal de ésta índole, tenemos que estar preparados para todo esto, pero siempre desde el respeto y el Amor a nuestros progenitores.

Imaginaros cuando una mujer es violada, y se queda embarazada, el sufrimiento que va a recibir ese bebé. O cuando se engendra un bebé, y una de las dos partes, ya sea padre o madre, no lo desea.

¿Os dais cuenta que importancia tienen todos éstos hechos?

 ## *TERCERA CAUSA:*

De 1 a 6 años, máximo 9 años, las experiencias que vive el niño a nivel:

*Familiar

*Relación con el padre

*Relación con la madre

*Relaciones en la escuela

*Relación con hermano o hermanos

*Fallecimiento de un ser querido.

Todos estos casos, pueden ser motivo de bloqueo emocional, que con los años, tu niño interior arrastre.

Todos estos casos, pueden ser motivo de bloqueo emocional, que con los años, tu niño interior arrastre.

Otra situación importante que puede marcar a un niño, es la relación que tengan sus padres entre sí. Si la relación entre ellos, es de discusiones diarias, maltrato, etc…ten seguro que marcará la vida del niño.

También la relación que establecen los padres con nuestros hermanos, es un punto de referencia.

En mi caso personalmente, cuando mis padres discutían y gritaban, o había un ambiente tenso, para mí era una pesadilla.

De hecho, aún hoy en día, cuando oigo personas gritar, o discutir, me estremezco y hay veces que conecto con alguna memoria que debe quedar por ahí, pero en seguida tomo conciencia del momento presente y comienzo a hablarle a mis vehículos, mis células y a mi niña interior y le digo: *"Aquello ya pasó cariño, ahora eres una mujer adulta con otra vida, otro rumbo y un propósito a cumplir.*

Ahora no estás sola ni abandonada, estoy contigo para escucharte y sentirte y sobre todo, para protegerte. Aquí y ahora todo está bien, todo es perfecto". Este es mi DECRETO DE AFIRMACIÓN, cuando conecto con alguna memoria celular, porque si no lo sabéis, somos como las cebollas, tenemos capas y capas de memorias de esta vida y de las pasadas, ¿madre mía no?

Recuerdo cuando mi madre me comparaba con mi hermano, y me decía que él, como hombre podía hacer cosas que yo como mujer no podía, por el hecho de ser mujer.

Por ejemplo: Cuando yo tenía 17 años, y empezaba a salir con mis amigas, mis salidas eran limitadas en horario. Mi hermano es cuatro años mayor que yo, y aparte de ser mayor y ser hombre, tenía ventajas en todo. Mi hermano podía llegar de fiesta a la hora que quisiera, yo no.

Mi horario de llegada era a las 22h, ni un minuto más ni un minuto menos, y si llegaba más tarde, el fin de semana siguiente, no salía.

Mi pregunta a mis padres siempre era la misma: ¿por qué mi hermano sí puede hacer lo que quiera y yo no?

Respuesta: "Porque tu hermano es un hombre y tú, eres una mujer, y las mujeres corréis el riesgo de que os pase algo más fácilmente.

Imaginaros la intensidad de la respuesta, que durante todos estos años, me ha hecho arrastrar un temor por infinitas situaciones como: ir de noche sola por la calle más tarde de las 22h, ó viajar y tener que dormir fuera, ó desconfianza en los hombres, baja autoestima, sentir que no soy merecedora de nada, y que no tengo potencial alguno, entre algunas que os puedo mencionar.

Imaginaros mi "curro emocional", por unas palabras repetidas en el tiempo, durante años, que impactan en tu sistema celular hasta el punto de integrarlas como parte de tu vida y creer que son verdad.

Quizá por eso, a mis 18 años recién cumplidos, empecé a salir con Carlos, el que sería mi pareja durante 24 años. Buscaba libertad en mi vida y ESCAPAR.

Todo, por una adolescencia no vivida o experimentada. Sentía que era mi única escapatoria, tener novio y así podría salir dónde quisiera porque iba acompañada de un hombre.

No me extraña, que nuestras tres separaciones en 24 años se llevaran a cabo, éramos dos niños heridos, buscando libertad fuera de casa y exigiéndole al otro el amor que nunca nos supieron dar. Eso es igual a fracaso asegurado. ***En mi próximo libro: "LOS CONFLICTOS DE PAREJA, Y EL NIÑO INTERIOR HERIDO", hablaré de todo ello mucho más detallado.***

Como os decía, de 0 a 6 años, los niños son esponjas y cogen toda la información que les rodea, la de la familia, el colegio, la calle, los amigos, todo.

Por eso es tan importante tomar conciencia en la educación de los niños.

El niño que vive discusiones y peleas en casa, desarrollará rabia, ira, venganza, y mucho dolor. Y evidentemente, le pasará como a mí, habrá siempre una conexión emocional cada vez que oiga una discusión, pelea o gritos y reaccionará con dolor sin saber el porqué exacto.

Un niño herido, que de pequeño no se ha sentido reconocido o ha estado anulado, de mayor probablemente, elija una profesión de gobernante, político, o algo similar para sentirse escuchado e importante. De esa manera, el mayor error es que, con la rabia que tenga contenida o la ira, lo único que podrá ejecutar es un puesto donde su papel sea la manipulación de un pueblo o un país.

Si conocéis a alguien con ese perfil, sólo podéis hacer una cosa, ayudarle con ésta información tan potente, y quien sabe, si te lo agradecerá toda su vida.

Varios ejemplos en los que la educación de los padres a sus hijos puede condicionar su futuro son:

INCULCARLES UNA PROFESIÓN: Me explico mejor. Cuántos de nosotros ha seguido una profesión, porque viene de familia, y de manera generacional, y no han podido desarrollarse como profesionales, como a ellos les hubiera gustado, por tal de no defraudar a sus antepasados ó a sus padres.

Por ejemplo, la familia que son agricultores de tres generaciones, y los hijos y nietos, de alguna manera se les inculca que tienen que seguir con el negocio familiar porque si no, ya se pierde. Mi pregunta es… ¿Cuántas personas habrán anulado su sueño, por no defraudar a su familia?

Qué triste, ¿no?. Porque sólo se vive una vez esta vida con éste personaje, y no poder hacer lo que te apasiona, por miedo a ser tachado o al reproche familiar, me parece muy triste, ya que el Alma no puede llevar a cabo su propósito de vida y vivimos como personas amargadas, o enfermas o tristes. Eso es igual a, *NIÑO INTERIOR HERIDO.*

PROYECTAR EN LOS HIJOS LO QUE A NOSOTROS, NOS HUBIERA GUSTADO HACER Y NO HICIMOS:

Cuántos padres conocéis que apunten a sus hijos a múltiples de actividades extraescolares, porque a

ellos les gusta y sin preguntarles a sus hijos si les gusta ó no.

Alguna vez he escuchado decir a amigas mías, decir: "Apunto a mi hija a patinaje, porque yo de pequeña, no pude hacerlo."

O… "Apunto a mi hijo a inglés, porque yo no pude hacerlo por tema económico, y ahora que puedo pagárselo, se lo pago a mi hijo, para cuando viaje, que sepa hablar inglés. En primer lugar, habría que preguntarle a ese niño, si quiere aprender inglés, y de mayor, ya decidirá, si quiere viajar o no.

Otro ejemplo, que me pone de muy mala gaita es: "He apuntado a mi hijo a defensa personal, porque el mundo está muy mal, y tiene que saber defenderse. ¡¡¡Madre mía!!!

Ya le está enseñando a su hijo, que el mundo está fatal, y que tiene que ir por la vida preparado para defenderse, me parece muy heavy.

En la mayoría de los casos, ningún padre pregunta a sus hijos, si les gusta lo que hacen o si les apetece hacerlo, y eso en un futuro inmediato es igual a, NIÑO INTERIOR HERIDO.

Lo mejor de todo, por así decirlo de manera irónica, es que ves a los padres dejar a los niños en las extraescolares, para irse a tomar el café de la tarde y chismorrear y criticar por doquier.

¡OJO!, No digo que sea la mayoría de padres que hacen esto, pero sí una gran parte, nunca generalizo porque eso sería una falta de respeto hacia las personas que no lo hacen é ignorancia por mi parte, claro está.

LA EDUCACIÓN EN LAS ESCUELAS:

Yo no sé vosotros, pero en mi época escolar, no te enseñaban a valorarte, ni a ser una persona de alta autoestima o exitosa.

Al contrario, te hacían callar con un tirón de oreja, o castigándote o llamando a tus padres por teléfono a la mínima que hacías, era horroroso. Era pánico lo que se tenía, y más en mi caso, que iba a un colegio de monjas.

Los altos niveles de exigencia, te creaban una presión psicológica increíble, y si no estabas a la altura, te dejaban en evidencia delante de todos tus compañeros. Esa ausencia de merecimiento, me creaba una falta de aceptación de mí misma, creando así, sentimientos de culpa y ausencia de perdón hacia mi persona.

Eso es igual a, NIÑO INTERIOR HERIDO.

El otro día leía en un libro, que decía: "En un colegio de Raleigh, USA, hay un letrero en el hall de dicho colegio que dice: NOSOTROS HONRAMOS LA GRANDEZA QUE HAY EN TI."

En otro colegio llamado, A.B. Combs, Stephen Covery, nos habla de su libro "El Líder Interior", del método de liderazgo que Muriel Summers introdujo en el colegio. Allí educan a los niños desde pequeños para triunfar en la vida. La educación en liderazgo, en el respeto, en la responsabilidad, en la autoestima y en sus mejores cualidades, eran el pan de cada día.

La directora del centro, explicaba que todos los días, les decían a esos niños, lo importantes que son, las increíbles capacidades que tienen y sus grandes dones.

Imaginaros que chute de energía para esos niños cada día, en la que los profesores, no paren de reconocerles como una persona valiosa, con muchas capacidades positivas. Esos niños, estoy segura, que están deseando ir cada mañana al colegio con toda la ilusión.

No como yo, que según que mañana, me hacía la enferma para no ir a la escuela. Un día, estaba tan desesperada, que me inventé que tenía fiebre. Puse el termómetro en la lámpara de la mesita de noche y evidentemente, el termómetro subió casi a cuarenta grados, luego me lo puse en la axila, y llamé a mi madre y cuando vio la temperatura, ¿cuál fue su reacción?, llevarme al médico. Ese día me salió redondo, pero no todos los días iba a poder hacer aquello.

Esos niños, crecen con una autoestima alta, unos valores increíbles y una motivación, que seguramente les haga llegar muy lejos, y acaben siendo grandes personas con grandes valores humanos, que ayuden a otros a lograr sus éxitos.

De lo contrario, el niño crea un patrón mental equívoco, haciéndole actuar así, desde la mente y no, desde el corazón.

De manera inconsciente, a veces los padres programan a sus hijos de una manera incorrecta, tal y como ellos fueron educados, sin valorar, si esa educación que ellos recibieron les marcó en su futuro o no. No nos paramos a tomar conciencia, de que a veces repetir los mismos patrones de nuestros padres a nuestros hijos, les puede hacer mucho daño en un futuro.

Lo que no sabemos, es que nuestra parte subconsciente, acumula toda la información, de cuando somos muy pequeños, y la va grabando como un disco duro en nuestra memoria. Las creencias y patrones mentales, se acumulan o se crean, en base a nuestra cultura y experiencias vividas, que son nuestras creencias personales.

Las creencias culturales, tienen un gran impacto en nuestra vida, ya que, se repiten de generación en generación. Cuando la creencia es sobre nuestra experiencia de vida, provienen de los impactos emocionales que hemos experimentado y que a lo largo del tiempo, se han ido repitiendo. Esa repetición le da mucha fuerza a la creencia, y la transforma en convicción, haciéndola tuya y dándole la fuerza y seguridad, hasta tal punto de que no cabe la duda en ella.

Dependiendo como sean nuestras creencias, pueden tener un impacto en nuestras vidas. Si nuestras creencias son muy ancladas en el sufrimiento, la negatividad, la escasez, etc… nuestros resultados en la vida, serán así. Lo mismo pasa si nuestras creencias están ancladas en un pensamiento positivo, de apertura mental y espiritual, y abundancia en nuestra vida, recibiremos más de eso. ***EN LO QUE TE ENFOCAS, SE EXPANDE.***

Si somos adultos con los niños heridos, y nuestras creencias son muy ancladas en negativo, ten por seguro, que no tomaremos conciencia para sanar a ese niño herido, si no, que nos pasaremos la vida culpando a todo el mundo, a lo externo, a la sociedad, al gobierno, a tu pareja, a tu padre, etc.. a todo menos a la verdadera raíz del sufrimiento que estamos experimentando y a lo que nos ocurre en nuestro día a día, que no nos deja ser felices.

De lo contrario, si somos personas con creencias ancladas, pero con tendencia a mirar siempre en positivo, seguramente, un día tomemos conciencia de que necesitamos dar un paso más allá de lo que conocemos, para cambiar nuestros resultados y nuestra realidad. Dijéramos que hay un momento en nuestra vida, que hacemos un "clik", y nuestro subconsciente envía señales de que hay algo que tenemos que hacer.

No nos han enseñado a escuchar a nuestra Alma, pero continuamente nos da señales paralelamente, en nuestro día a día. A veces le llamamos presentimiento, otras casualidades, pero en realidad son causalidades y mensajes de anhelo de nuestro corazón, buscando el camino que el Alma necesita: LA FELICIDAD, EN BASE A LA MAESTRÍA DEL AMOR.

El Amor es la Maestría que hemos venido a aprender a esta vida. Y si no, recordad al Maestro Jesús, que con su ejemplo de vida, demostró que el Amor Incondicional, era lo que prevalecía en su Reino, en su Tierra Prometida, en SU CORAZÓN.

Nos demostró el Amor Incondicional a sus hermanos, y a todo Ser Vivo, desde el respeto, la humil-

dad, aún a las puertas de su muerte, con su dolor y sufrimiento, no dejó de decir:" PADRE, PERDÓNA-LOS, PORQUE NO SABEN LO QUE HACEN".

Esa es la gran lección que nos dejó Jesús, amarnos los unos a los otros, y amarnos a nosotros mismos. NUNCA, PERO NUNCA, que te quede muy claro querido lector, podrás amarte ni amar a nadie, si no te perdonas y perdonas a los demás.

El "NO PERDÓN", es la gran mochila que cargamos eternamente, sin ser conscientes, de que nos está matando en vida. Por eso mismo, un niño herido, lo primero que tiene que hacer es: PERDO-NARSE Y PERDONAR, a partir de ahí, la liberación del resentimiento se desvanece, se transmuta y se trasciende, y se transforma en AMOR.

Momento de reflexión

TERCERA CLAVE:

HO'OPONOPONO

Yo, cuando vi por primera vez esta palabra, me sonó a cachondeo, os lo digo en serio. Me resonaba a una palabra africana o por el estilo, vamos, que me daban ganas de bailar y tocar tambores africanos al leerla. Soy una persona que siempre intenta estar feliz, y le saco la parte positiva a todo lo que puedo, pero sin embargo, tengo un humor bastante irónico, que a veces es difícil entender.

La Técnica del HO'OPONOPONO, es un arte hawaiano muy antiguo de resolución de problemas y conflictos, basado en la reconciliación y el perdón. Es una filosofía de vida, que si integramos en nuestro día a día, puede llegar a tener un alto impacto de sanación en nosotros.

No es ninguna secta, como a veces he oído decir a algunas personas, ni tampoco una religión, simplemente es una filosofía de vida, como os he dicho antes, que su significado significa: "enmendar", o "corregir un error". El objetivo de esta técnica, es aportar paz interior y equilibrio, a nuestra mente y nuestro físico, mediante un proceso de sanación, reconciliación y perdón.

No sé para vosotros, qué significado tendrá la palabra perdón. Pero para mí, es una palabra de alto impacto y de una gran resolución cuando se trabaja.

Cuando eres pequeño, tus padres te enseñan a pedir perdón por todo lo que haces mal, o por tus errores. Pero la connotación y significado de la palabra perdón, va más allá a nivel espiritual.

Me he pasado muchos años pidiendo perdón a personas, o en circunstancias, que realmente no había que hacerlo, pero ¿sabéis que pasa cuando uno tiene la autoestima baja?, que te pasas tu vida pidiendo perdón por cosas o situaciones que no hacen falta, porque te crees, según tus creencias y tu personalidad creada desde la infancia, que pidiendo perdón cancelas todo lo que posiblemente hayas hecho mal, y entras en un rol, equívoco que al final llega a formar parte de tu día a día. Vamos, que es el pez que se muerde la cola.

Mirad, yo el perdón lo descubrí y lo sentí en mis carnes, en mi Alma y en mi Ser, cuando a mis 30 años, empecé a trabajar la rabia hacia mi padre, hacia el papel de maltratador que le etiqueté durante años, hacia mi sentimiento hacia él de rechazo, que me hizo incluso llegar al punto de plantearme no querer tenerlo como figura paterna.

Fijaros hasta dónde marcan los impactos emocionales vividos, durante años, cuando eres niño. Hasta que punto arrastras esa emoción, que si no sanas, cada vez va a más y puede llegar a ser destructiva a todos los niveles, físico, emocional y espiritual.

A base de trabajar mis memorias de la infancia, memorias de la adolescencia, y trabajar mi mente y mi ego, fui descubriendo que todo ocurre por algo, y que no tenemos que coger responsabilidades que no nos toquen. Profundizo en esto.

Mis padres tenían y tienen un rol pactado desde antes de venir a la tierra como hombre y mujer. Lo creáis o no, todos creamos un pacto de vida, antes de encarnar en este cuerpo físico en la tierra.

Recordad: *"SOMOS SERES ESPIRITUALES, VIVIENDO UNA EXPERIENCIA TERRENAL"*

Antes de nacer, escogemos dónde hacerlo, lugar, familia, padres, hijos, marido, amigos, trabajos, etc… pactamos todo lo que es necesario para nuestra evolución aquí en la Tierra. Venimos con una factura pendiente, y tenemos que ir "saldando" las cuentas, hasta quedarnos sin deudas, siempre que queramos claro, porque tenemos la opción del libre albedrío. *La vida es nuestra ESCUELA y lo ideal, es irse de ella con MATRÍCULA DE HONOR O POR LO MENOS CON SOBRESALIENTE.*

Hay una frase que me gusta mucho y es: "CUANDO TE CREES QUE TIENES TODAS LAS RESPUESTAS, VIENE EL UNIVERSO Y TE CAMBIA LAS PREGUNTAS".

¡Qué gran verdad!

No tenemos el control de nada, tenerlo por seguro, lo que sí que tenemos, es responsabilidad. Cada uno de nosotros, somos responsables de todo lo que nos sucede, de cómo lo afrontamos, de nuestros sentimientos, de nuestras acciones y de nuestras repercusiones, lo queramos ó no, es así.

Como os explicaba antes, durante años, me encargué de coger parte de la responsabilidad de mi madre en su relación con mi padre. Ellos tienen su rol, y lo entendí al cabo de los años, cuando tomé conciencia de ello.

Cuando yo veía discutir a mis padres, y levantarse la voz, o perderse el respeto, yo me identificaba con varias emociones. Primero, veía a mi madre como una víctima. Segundo, me sentía impotente por no poder intervenir entre ellos para solucionar que aquello, no volviera a repetirse. Y tercero, me sentía invisible.

Imaginaros, si una pareja, cada dos por tres está discutiendo, la vibración que tienen es baja, de mal humor y de poca ilusión en la mayoría de situaciones. Yo, como hija, no entendía a veces, que lugar ocupaba en esa familia, en muchos momentos. Porque mientras ellos discutían, no eran conscientes del sufrimiento que yo sentía, y por lo que estaba pasando en mi silencio.

Ahí, yo defendía a mi madre, porque en aquel momento la veía más indefensa, pero con los años, entendí, que ni mi padre era un verdugo, ni mi madre indefensa.

Mi padre arrastraba una infancia muy dolorosa, y mi madre, no tan dolorosa pero de una gran autoestima muy baja, por ser la quinta hija y la más pequeña de la familia, que trabajaba en el campo, muchas horas para poder comer. Mi madre empezó a trabajar con 9 años, es muy fuerte.

Cuando yo entendí, que mi padre actuaba así, por el dolor no sanado de su infancia, por su rabia contenida de tanto sufrir como niño, y por la temprana pérdida de su madre, junto con todos sus miedos vividos, no es que lo justificara, pero sí entendí muchas cosas.

Lo mismo con mi madre, una niña que con una temprana edad de 9 años, tiene que levantarse temprano por las mañanas, a hacer la comida para que los segadores la tuvieran preparada a la hora de comer. Una niña, que era la pequeña de cinco hermanos.

La última en todo, pero tenía que estar como el resto de hermanos a la hora de trabajar. La que se quedó sin estudiar, y sólo aprendió a leer la cartilla y a escribir lo justo, porque por ser mujer, no tenía el derecho. La invisible…

Ya os hacéis una idea, de cómo puede desarrollarse una relación, con estos dos perfiles de personas, que han experimentado estas vivencias. Lo mejor que puede pasar, es que duren años, pero durante esos años, el uno y el otro, no pararán de exigirse AMOR, algo que ninguno recibió de manera consciente. Lo escribo y me da mucha tristeza.

Por eso, a fecha de hoy, me encargo de decirles que los quiero, y les doy las gracias, por darme la vida, y por todo lo que han hecho por mí. Para mí, mis padres después de tomar conciencia de la verdad, son personas muy importantes en mi vida, dos Seres vulnerables ante una experiencia de vida dolorosa, lamiéndose las heridas como pueden, y enfrentándose cada día, como guerreros para salir airosos de sus batallas.

Ahí fue, cuando yo pude realizar mi trabajo de perdón hacia ellos. Desde esa conciencia, que te hace poner los pies sobre la tierra, y te muestra la realidad, pero que al mismo tiempo, va unido a la esencia del SER, de lo que somos y hemos venido a construir, relaciones de AMOR TRABAJANDO EL PERDÓN.

Para mí, trabajar el perdón, es como vaciar una mochila que siempre llevas colgada con cosas inútiles, y que nunca vas a utilizar, y te llenan espacio.

Una vez que perdonas, esa mochila se vacía y se vuelve liviana, ligera, y te hace el camino más fácil, para llenarla, de lo que realmente necesitamos y tiene valor en esta vida, AMOR.

PERDONAR, es uno de los pasos más importantes que vas a realizar en tu vida, algo que te va a marcar un antes y un después en positivo, para tu crecimiento personal y espiritual.

Yo siempre digo, que la persona que se perdona a sí mismo, y perdona a los demás, ya puede morir tranquila. Porque no sólo es perdonar al otro, si no, que hay que perdonarse a uno mismo, ya que, las relaciones familiares, de pareja, de amistad y todo tipo de relaciones, al final es un 50% de responsabilidad de cada individuo.

No podemos decir que nuestra relación de pareja no funciona porque nuestro marido pasa de todo, o porque es esto o lo otro. ¿Me entendéis? En una relación cada uno tiene su parte de responsabilidad de sus actos, y si algo no funciona, hay que pararse a mirar y escucharse, a ver qué ocurre, sin juicios, desde el amor y el respeto.

Si mis padres no tenían una relación prometedora, era porque cada uno tenía su dolor y su mochila, y no supieron perdonarse a ellos mismos, ni perdonar a sus ancestros y familiares, por aquella época no se enseñaba ese tipo de técnicas.

Por ese motivo, es muy importante que entendáis, que nosotros, como una generación que ya está en otro punto de conciencia y evolución, ayudemos a nuestros seres más queridos a trabajar el perdón, ya sea compartiendo esta información, o haciéndolo nosotros mismos por nosotros y por ellos, ya que, si nosotros hacemos ese trabajo en el caso de que ellos no puedan o no quieran, que es totalmente respetable, y lo hacemos nosotros, sanaremos por TRES GENERACIONES POR ENCIMA NUESTRO, O SEA: PADRES, ABUELOS Y BISABUELOS.

Interesante ¿verdad? Así funciona el poder de la energía de SANACION Y EL AMOR INCONDICIONAL TODO PODEROSO, UN IDIOMA QUE NOS VINO A ENSEÑAR NUESTRO QUERIDO MAESTRO JESÚS.

PERO PARA ELLO, EL PRIMER PASO DE UN SER HUMANO PARA CREAR ESE CAMBIO DESDE EL PERDÓN, ES LA HUMILDAD. CUANDO UNO RE-

CONOCE QUE ESO ES ASÍ, DESDE LA HUMILDAD, SE PRODUCE EL MILAGRO.

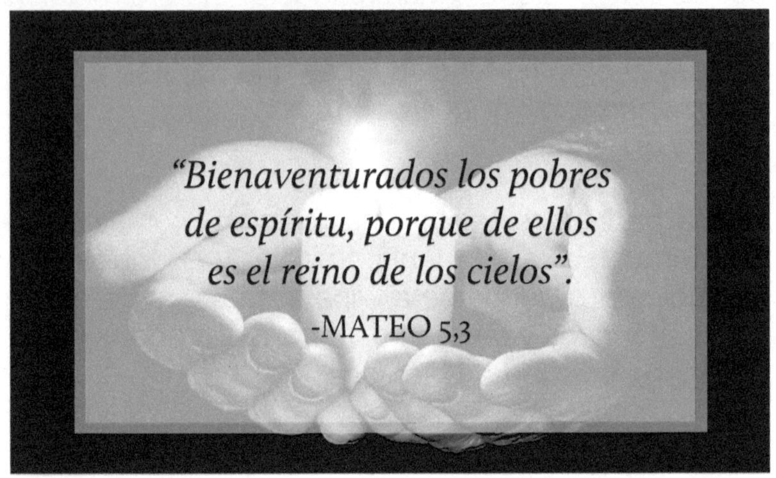

Por ese motivo…sería "la caña", que en la actualidad, en los colegios se enseñara el arte del "HO'OPONO-PONO", como una asignatura más, para las generaciones venideras, ya que, ellas son el futuro.

Hacer tomar conciencia a las nuevas generaciones, de que el perdón nos libera del sufrimiento y nos aligera el camino, tendría que ser una materia más obligada en las escuelas. Los alumnos serían niños y niñas más felices, más conscientes, más humildes. Seria para ellos, una herramienta que tendrían a mano a diario para liberarse del estrés, al igual que la meditación.

Yo recuerdo, que cuando iba al colegio de monjas, tanto a primera hora de la mañana al entrar a clase, como antes de ir a comer, como al llegar a primera hora de la tarde, como al irnos a casa por la tarde, se rezaba el Padre Nuestro. Era algo SAGRADO. ¿Por qué no hacer lo mismo con la Técnica del Ho'Onoponopono y la Meditación?

¿Sabéis la de enfermedades que causan estrés, que podrían ser evitadas, o acompañadas, integrando Técnicas como estas?

Tenemos herramientas muy valiosas en nuestras manos y en nuestro conocimiento, como para no compartirlas y aún mas sabiendo, que puede ayudar a miles de niños y niñas a mejorar su calidad de vida y su felicidad como SER.

Uno de mis propósitos, es añadir en mi agenda y llevar a cabo, esta actividad en las escuelas que lo permitan y estén abiertos a esta práctica, para sus alumnos. De una manera simple, sencilla y desde el Amor y la Escucha, podemos aportar muchísimo a los Seres Maravillosos, que guiaran nuestro futuro en la Tierra, los niños y niñas de la actualidad.

En esta era en la que vivimos, venimos a desarrollar 3 potenciales muy importantes para nuestro desarrollo y evolución:

- EL AMOR

- LA ENERGÍA QUE SOMOS

- LA SABIDURIA, EL CONOCIMIENTO, Y LA TOMA DE CONCIENCIA.

Y el medio que hemos escogido: LA VIDA, NUESTRA ESCUELA DE GRADUACION.

A partir de tres años, es cuando las heridas nos marcan de manera más fuerte y quedan implantadas en el subconsciente, por impactos de repetición emocional. A cuantas más veces se repitan las situaciones de sufrimiento o dolor, más impacto nos crea y más ancladas se quedan en el subconsciente, o **"CAJA NEGRA DE NUESTRA MEMORIA"**.

Cómo ejemplo, os explico mi caso por si a alguien le puede ayudar.

En mi vida, el sentimiento que más se ha ido repitiendo desde el momento que nací, hasta la actualidad, ha sido el sentimiento de soledad o de sentirme sola, aún estando acompañada, ¿os pasa?, ¿os ha pasado?.

En el momento de mi nacimiento, cuando encarné en esta vida, y vi por primera vez la luz, lo primero que hicieron los médicos, como en la mayoría de los casos, fue ponerme en los brazos de mi madre. Seguidamente, me llevaron a limpiar como se hace por lo general, los restos de sangre, etc…

Al ratito, me volvieron a llevar con mi madre, pero a la hora de dormir, me llevaban al llamado "nido", o habitación donde estaban todos los recién nacidos en sus cunitas con sus nombres y su identificación. Lo creáis o no, esa separación de mi madre al llevarme al nido por las noches, marcaría mi primer impacto emocional de soledad en mí.

Por eso, hoy en día, se está implantando cada vez más el hecho de que las madres estén lo máximo posible en contacto con sus bebés, y el latido de sus corazones estén en sintonía y unión. Estudios demuestran, que el bebé está más tranquilo, duerme mejor, es más feliz, no tiene tantos miedos y el vínculo materno es más estrecho, se crea una complicidad preciosa.

La segunda experiencia que marcó en mí niña, la emoción de soledad, fue cuando tenía 4 años. Cuando llegaba la noche y era hora de ir a dormir, mi madre tenía la costumbre de despedirme en el comedor y no acompañarme a la habitación a acostarme, era algo inconsciente y normal para ella y para mi padre, pero era algo que me marcaría en el tiempo. Esta experiencia la explico al principio del libro si lo recordáis.

Como os decía, llegaba el momento de ir a la cama y yo le daba un beso a mi madre y otro a mi padre, que estaban sentados en el sofá del comedor. En el piso donde vivíamos, estaba la zona de día, que era el recibidor, comedor, cocina y balcón, y la zona de noche, que era el pasillo, lavabo, y habitaciones. Entre las dos zonas había una puerta de separación por así decirlo.

Cuando ya les había dado las buenas noches a los dos, mi madre me acompañaba a la puerta del pasillo y me decía: "buenas noches, a dormir y descansar", y me cerraba la puerta. En aquel momento, cada noche, me enfrentaba a un momento crítico y de gran miedo para mí, ya que, era un pasillo largo y oscuro, donde mi habitación era la última en llegar, y la soledad, la oscuridad, el silencio y la energía que se sentía, era muy incómoda de experimentar para mi, y para cualquier niño, creo yo.

A parte, como os expliqué al principio del libro, yo por aquel entonces, ya comenzaba a experimentar la energía de baja vibración y bajos astrales. Me enfrentaba cada noche a una odisea, como una guerrera.

La sensación de frío interno, tiritaña, sensación de una presencia detrás mío, de no estar sola, y alguna sombra que aparecía en una de las esquinas de la habitación de mis padres, me hacían temblar de miedo. Imaginaros, cada día durante años, esa emoción de alto impacto repetida. Esa información se va implantando en la memoria subconsciente, y la emoción de miedo y soledad, toma cada vez más intensidad, formando una creencia en mi vida y mi realidad.

La tercera experiencia, de soledad y miedo, se fue manifestando desde los 6 años a los 17 años, cuando las escenas de discusiones de mis padres, se desarrollaban como algo habitual en el día a día. Mientras ellos estaban en su rol y en su energía, no eran conscientes de que aquella vibración se respiraba en el hogar, haciéndoles daño a ellos mismos y a nosotros, mi hermano y yo.

Pero era la historia de ellos, su historia, su vivencia, no lo hacían queriendo, era su dolor y la falta de información, de no saber que todo aquello era producto de sus creencias limitantes, de sus sufrimientos, y de sus niños heridos. Mientras tanto, yo cada vez me sentía más sola, con más miedo, más triste, más desilusionada con la vida, más desubicada y perdida.

Cuando conocí a Carlos con 17 años, vi una luz, una esperanza de escapar de mi soledad, vi la puerta de la libertad, de la falsa libertad, y la falsa soledad cu-

bierta por otra persona, pensando que aquello me haría feliz y no volvería a sufrir.

¡ERROR!!!!

> *ESCUCHA MUY ATENTAMENTE ESTO QUE TE VOY A DECIR: NUNCA, PERO NUNCA BAJO NINGÚN CONCEPTO, BUSQUES LA LIBERTAD, CUBRIR TU SOLEDAD, CUBRIR TU AUTOESTIMA, Y MENOS AÚN ESCAPAR DE TU REALIDAD, PROYECTÁNDOLO EN OTRA PERSONA, EN FORMA DE RELACIÓN.*
>
> *¡NO FUNCIONARÁ!*

Y sé de lo que hablo, porque lo he vivido en primera persona. ¿Sabéis por qué? Porque atraemos a personas a nuestra vida, con la misma vibración que nosotros, y esa persona viene con su mochila, igual o peor que la nuestra, y esa persona nos va a hacer de espejo, mostrándonos todo lo que hay en nosotros y en nuestro interior, hasta que tomemos conciencia y decidamos trabajarlo y gestionarlo.

Si estamos en una vibración de conciencia evolucionada, lo más seguro es que podamos salvar la relación y sepamos discernir las situaciones. Si no estamos en una vibración alta de conciencia y no estamos abiertos a aprender la lección, y nos identificamos con todo lo que vivimos con esa persona, con lo que nos dice y hace, lo más seguro, es que esa relación no funcione. ¡COMPROBADO!

Es lo que les pasó a mis padres, y lo que me pasó a mí en mi relación. Y los patrones se repiten de generación, en generación, hasta que hay uno del sistema, que sana la energía del sistema generacional.

Es importantísimo sanar nuestras relaciones, empezando con nosotros mismos, para poder sanar posteriormente las relaciones de padres a hijos, de hermanos, de pareja, de amigos, etc… Si no sanamos, se irán repitiendo, mostrándonos continuamente la lección que tenemos que trabajar, y cada vez la vida te lo mostrará de manera más clara, incluso a veces, a ostia limpia con la palma abierta, como yo digo.

En esa circunstancia, sólo te quedarán dos opciones:

1- QUEDARTE EN EL PAPEL DE VÍCTIMA Y NO SER FELIZ.

2- PONERSE MANOS A LA OBRA, PARA SER MÁS FELIZ, (AUNQUE NADIE DIGA QUE SEA FÁCIL).

¿Sabéis como cubría yo, mi soledad?

Queriendo ayudar a todo el mundo, así me sentía rodeada de gente, y si ayudaba, al mismo tiempo me agradecían y me sentía reconocida, y ahí la autoestima me subía, supuestamente. Imaginaros que desgaste mental, y físico y emocional. Porque aún así, estando acompañada, me seguía sintiendo sola, y era el pez que se muerde la cola, porque continuamente haces algo, para esperar a cambio cariño o ser reconocido, no ser invisible. La decepción está asegurada, porque como os decía antes, cada uno lleva su mochila y nadie está obligado a nada.

La verdadera maestría empieza cuando, damos sin esperar recibir nada a cambio, dando desde el Amor Incondicional.

Pero para entender esa energía, e integrarla, primero nos tenemos que sanar nosotros y nuestro ***"NIÑO INTERIOR"***.

Algunas personas dirán: ¿pero por dónde empiezo?

Y la respuesta es muy simple.

¿Verdad que con nuestro ordenador, de tanto en tanto, vaciamos el disco duro?

¿Verdad que limpiamos muchos programas que saturan nuestro ordenador?

¿Verdad que eliminamos carpetas e información a la papelera de reciclaje?

Pues nuestra mente, y nuestro subconsciente, es igual que un ordenador. Las creencias limitantes y las emociones, están en el subconsciente o "disco duro", y las vivencias y situaciones experimentadas, son documentos que tenemos que clasificar en carpetas, y valorar si nos sirven o no, y si no nos sirven, eliminarlas a la papelera de reciclaje, y guardar sólo las carpetas que tengan información que nos pueda ayudar y sea valiosa.

Si integramos este ejercicio en nuestro día a día, la probabilidad de que entre un "VIRUS" Ó "ENFERME-DAD", en nuestro ordenador o mente, será menos probable, que si no lo hacemos o no tomamos conciencia de ello.

¡IMPORTANTE A TODOS LOS QUE TENÉIS HIJOS!

-SI TÚ, NO TE ACEPTAS, ELLOS TENDRÁN ESA MISMA EMOCIÓN.

-SI TÚ, NO TE QUIERES, ELLOS TAMPOCO SE QUERRÁN A ELLOS MISMOS.

-¡Y ASÍ, CON TODAS LAS EMOCIONES!

-LOS PATRONES SE REPITEN, PORQUE LOS NIÑOS SON ESPONJAS Y LO ABSORVEN TODO, HACIENDO POSTERIORMENTE DE ESPEJO.

-¡NO COMETÁIS LOS MISMOS FALLOS UNA Y OTRA VEZ, POR VUESTRO BIENESTAR Y EL DE VUESTROS HIJOS!

-SI LOS PADRES CAMBIÁIS, ESA ENERGÍA, VUESTROS HIJOS POR VIBRACIÓN LA RE-CIBIRÁN Y TAMBIÉN LA CAMBIARÁN, POR-QUE RECORDAD QUE TODOS SOMOS UNO, Y VIBRAMOS EN FRECUENCIA.

-ACORDAROS CUANDO ERÁIS NIÑOS, QUE NUESTROS PADRES ERAN NUESTROS HÉ-ROES, NUESTROS MODELOS A SEGUIR, Y QUE POR MIEDO A NO DEFRAUDARLOS,

REPETÍAMOS MUCHAS VECES SUS ACTOS Y SUS CONDUCTAS.

Cuando los padres sobreprotegen en exceso a los hijos, no es bueno, ya que, inconscientemente y sin darte cuenta, llegues anular a tu hijo de tal manera, que ese niño con el tiempo desarrollará muchos miedos y fobias al estar tan limitado.

Otra manera de anular la esencia de un hijo, es pedirle que te haga feliz. Es un acto egoísta que muchas personas de manera inconsciente desarrollan y llevan a cabo en su día a día, sin darse cuenta de que le crea a ese hijo, una responsabilidad que no le toca.

Hasta los 7 años de edad, que el niño no ha creado aún su personalidad, todo esto puede marcar al niño en un futuro.

A partir de esa edad, el niño ya irá creando su propia personalidad, a raíz de sus experiencias, pero arrastrará las creencias vividas y experimentadas hasta los 7 años.

Es muy importante a esa edad escuchar a los niños, porque ellos empiezan a crear su vida y su experiencia con otra capacidad, y empiezan a saber discernir. Si se les escucha con atención, y desde el Amor, es muy probable de que se puedan rectificar muchos errores que les pueda afectar en un futuro próximo.

La prueba está en gestionar el tiempo de escucha y diálogo con los hijos, en un mundo en el que el estrés, y la mala gestión del tiempo están de moda. Todo, a veces, por querer abarcar a más cosas de las que podemos abarcar y que no son necesarias o prioritarias en nuestra vida.

Estaría genial, estar más tiempo con los hijos, en familia, y menos tiempo de actividades extraescolares separados, rellenando el tiempo en cosas que te restan para lo más importante, tu familia y el bienestar de la misma.

Es muy importante tener en cuenta esto, ya que, el tiempo pasa muy deprisa, y cuando los hijos llegamos a la edad adolescente, todo lo que no se haya podido reparar anteriormente, en la infancia, en la adolescencia, difícilmente se rectifica. La adolescencia es una etapa, en la que la persona empieza a proyectar y dirigir su energía en base a:

- SU PERSONALIDAD Y FUERZA.

- LA ENERGÍA DE LA SEXUALIDAD.

- LA CREATIVIDAD, (SU DON, O PROPÓSITO DE VIDA)

- LA PROYECCIÓN EN SUS ACTOS, (RELACIONES, SU VIDA,…)

- EL FUTURO DE LA PERSONA, (PROFESIÓN, ETC…)

Por eso, es MUY IMPORTANTE, que las bases de la infancia, vengan lo mejor trabajadas posible, para no crear interferencias en los puntos descritos arriba.

. . . .

¡LA ENERGÍA QUE SE ANCLA EN LA IN-FANCIA, ES LA QUE SE PROYECTA EN LA ADOLESCENCIA.!

. . . .

Muchas personas después de leer todo esto, quizás se sientan mal, culpables, arrepentidos o dolidos, pero no se trata de buscar culpables, se trata de buscar soluciones. Mejor dicho, se trata de ser responsables, cada uno de sus actos y responsabilizarse de ellos. "NO SE TRATA DE PREOCUPARSE, SI NO, DE OCUPARSE".

QUIERO TRANSMITIRTE UN MENSAJE ALMA BELLA:

"TODOS LOS ADULTOS SOMOS VÍCTIMAS DE VÍCTIMAS, DE NUESTROS ANTEPASADOS.

ESTO SIGNIFICA,QUE NOSOTROS SOMOS VICTIMAS, NUESTROS PADRES TAMBIEN, NUESTROS ABUELOS, NUESTROS BISABUELOS, Y ASÍ, TODAS NUESTRAS GENERACIONES, A CAUSA DE LAS CREENCIAS LIMITANTES, QUE HA HABIDO EN CADA GENERACIÓN, Y SE HA IDO TRASPASANDO, GENERACIÓN A GENERACIÓN.

POR ESO, NO CULPEMOS A NUESTRAS GENERACIONES PASADAS, POR LAS CREENCIAS QUE HEMOS RECIBIDO, Y SEAMOS RESPONSABLES DE NUESTRA SANACION"

"SI NOS SANAMOS A NOSOTROS MISMOS, LOS SANAREMOS A ELLOS, POR DEFECTO, PORQUE TODOS SOMOS UNO EN ESTA CREACIÓN"

¿ESTÁS PREPARADO PARA SANAR A TU NIÑO Y SER UN ADULTO MÁS LIBRE Y FELIZ?

PUES...VAMOS JUNTOS DE LA MANO, YO TE ACOMPAÑO.

¡PASADO PISADO! ¡PRESENTE DE FRENTE Y PISANDO FUERTE!!!

¡NO PERDAMOS TIEMPO!

HACER LAS PACES CON NOSOTROS MISMOS…

¡ES URGENTE!

POR ESE MOTIVO, PASO A COMPARTIR CON VOSOTROS, CÓMO HACER LA MEDITACIÓN DE HO'OPONOPONO PARA SANAR A TU NIÑO INTERIOR.

¿VAMOS?…

MEDITACIÓN HO'OPONOPONO PARA SANAR A TU NIÑO INTERIOR:

*Esta visualización, es una RECONCILIACIÓN CON ÉL Ó ELLA.

*Nos ha estado esperando durante mucho tiempo.

*Si vuestra infancia, no fue lo feliz que hubieras deseado, podéis REINVENTARLA.

*Nuestro subconsciente, almacena los recuerdos, y NO DISTINGUE, LO QUE ES REAL, Y LO QUE ÉS IMAGINADO.

*Si cuando hagas esta visualización, ves a tu Niñ@ enfadado, triste, ó con rabia, simplemente, RESPÉTALE.

*Puede ser, que te cueste ver a tu niño o niña, o veas su carita difusa, ó simplemente, no veas nada. Sigue adelante con la meditación igualmente.

*Puede que esté enfadado por haber estado desatendido, pero finalmente, cuando sienta tu AMOR, saldrá.

*Conectar con ÉL Ó ELLA, cada día, hace desaparecer todo sentimiento de temor ó tristeza.

*Realizar esta meditación, ayuda a desaparecer el sentimiento de soledad de ese niño abandonado.

*De esta manera, podemos dejar paso a vivir experiéncias de:

- ALEGRÍA

- PASIÓN

- VITALIDAD

- FELICIDAD

*Nutriendo nuestro niñ@, nutrimos nuestra ALMA.

*Se trata de ser padres de nosotros mismos.

*Que nuestra parte adulta, se haga cargo de nuestra parte infantil.

*De esa forma, se sanan nuestras heridas del corazón.

*PORQUE EL AMOR A UNO MISMO, REPARA EL DOLOR DE LA INFANCIA.

Ahora...voy a dar paso a tu meditación, y voy a guiarte:

1*Busca un lugar tranquilo, dónde puedas relajarte y estar solo. Un lugar, dónde no hayan distracciones y pocos estímulos.

2*Siéntate de manera cómoda, en el suelo, encima de un cojín, como mejor te sientas tú.

3*Enciende si quieres, una velita blanca, y una barita de incienso, que te guste, y que no sea un olor pesado, o demasiado fuerte, que te pueda dispersar la atención de la meditación.

4*Si lo deseas, puedes ponerte una música de fondo, muy suave, que te ayude a relajarte, ya sea una música de naturaleza, sonido de agua, pajaritos, etc… pero muy suave y flojita.

5*Vas a cerrar tus ojos, y vas a hacer, tres respiraciones profundas, cogiendo aire por la nariz y soltando el aire por la boca.

6*Poco a poco, te vas a ir aquietando, i vas a ir sintiendo más tranquilidad.

7*Vas a visualizar, cómo por tu coronilla, va penetrando una energía blanca, que proviene del Universo, una energía densa, pura, llena de paz, que penetra desde la coronilla y por tu cabeza, se va deslizando, como si de una ducha se tratara, y va bajando, por tu cara, tu cuello, tu pecho, tu espalda, tus hombros, tus

brazos, tus manos, tu espalda, tu sacro, tu barriga, tu área sexual, tus glúteos, tus caderas, tus muslos, tus rodillas, tus pantorrillas, tus tobillos, tus pies, y las plantas de tus pies.

Siente como esa energía, penetra tus órganos vitales y los va sanando.

Esta energía te conecta con la ESENCIA PURA DE ENERGÍA QUE ERES.

CADA CÉLULA DE TU SER, SE HA LLENADO DE ESA LUZ BLANCA.

¡Disfrútala, por unos segundos! ¡Disfruta de esa PAZ!

8*Ahora, vas a observar cómo la parte de tu pecho y tu corazón, con esa energía, se va expandiendo cada vez más y se abre a recibir.

En él, vas a ir colocando a todas las personas que quieres, a tus mascotas, y sobre todo, colócate a ti. Siente, como rebosas de AMOR, sobre todo por ti.

9*Ahora, quiero que retrocedamos en el tiempo.

10*Hay frente a ti, una puerta. Dirígete a ella y ábrela.

Te sorprenderá ver, que un largo pasillo blanco de luz, encandila tu cara. Un pasillo, al que te diriges a caminar por él, mientras esa luz se expande a tu alrededor, rodeándote y haciéndote sentir muy segura, en paz y te hace sentir que no estás sola. Una FUERZA UNIVERSAL, TE ACOMPAÑA.

Sigues caminando, y ya has cruzado ese pasillo de luz.

De repente, te encuentras otra puerta. Esa puerta, te va a hacer retroceder en el tiempo. Vas a ir a tu pasado.

No tengas miedo, abre esa puerta con todo tu AMOR, NO ESTÁS SOLA Ó SOLO.

ABRE LA PUERTA… Ahí estas!

Tienes 6 años, y te encuentras en la calle donde vivías a esa edad.

Estás caminando por esa calle, y te diriges a la casa donde vivías en ese momento.

Entra en la casa, fíjate en el techo, en el color de las paredes, en las ventanas, en las puertas, en la decoración de la casa en general.

Estás ahí de nuevo. ¿Cómo vas vestido? ¿De qué color son tus zapatos? ¿Cómo es tu carita? ¿Puedes ver sus ojos? ¿Su mirada? ¿Cómo se siente?

Camina hacia él ó ella…

Dile, que tú, vienes del futuro.

Dile, que tú, mejor que nadie, sabes lo que ha padecido: su sufrimiento, su abandono, su humillación, su tristeza,…

Dile, que de todas las personas que conocerá en su vida, TÚ, ERES LA ÚNICA, A LA QUE NUNCA PERDERÁ.

Dile, que le QUIERES MUCHO.

Dile, que es un NIÑO MARAVILLOS@.

Dile, que te perdone por todo el tiempo que ha estado desatendido.

Y dile, que a partir de ahora, le vas a cuidar como se merece.

Ahora, durante unos segundos, nos vamos a ir despidiendo de todo el entorno que nos rodea en esa casa.

11*Vamos a coger a ese niño o niña de la mano, y de manera amorosa, nos dirigimos a la puerta de salida.

Abrimos la puerta y salimos de la casa.

Juntos de la mano, nos disponemos a caminar, y poco a poco, vamos viendo, como esa casa, cada vez, se va haciendo más y más pequeña, y más y más lejana.

Te diriges con tu niño, a un lugar tranquilo, con mucha luz, un lugar donde te sientas a gusto, a salvo.

Un lugar dónde haya agua, una playa, cerca de un rio,…

Os vais a sentar de manera cómoda.

Os vais a mirar… y le vas a decir:

*ESTOY AQUÍ PARA CUIDARTE, PARA OCUPARME DE TI.

*TE QUIERO MUCHO PEQUEÑO.

*PERDÓNAME, POR TODO EL TIEMPO QUE TE HE TENIDO DESATENDIDO.

*A PARTIR DE AHORA, TE VOY A CUIDAR COMO TE MERECES.

*ERES UN NIÑ@ MARAVILLOSO.

*TE QUIERO Y TE ACEPTO, TAL Y COMO ERES.

*CUENTA CONMIGO, YO ESTOY AQUÍ PARA LO QUE NECESITES.

*TE QUIERO INCONDICIONALMENTE.

*A PARTIR DE AHORA, NO TE DEJARÉ POR NINGUNA RAZÓN.

*ERES UN SER PURO E INOCENTE, NO TIENES LA CULPA DE NADA, DE LO QUE SUCEDIÓ EN TU INFANCIA.

*TIENES DERECHO A LAMENTARTE POR TODO LO QUE PASÓ, A LLORAR, A GRITAR…

*YO ESTARÉ AQUÍ, PARA AYUDARTE A SOLTAR EL DOLOR, PARA AYUDARTE A SANAR LAS HERIDAS DE TU CORAZON.

*EL TIEMPO HA PASADO, Y LOS PERSONAJES SON OTROS.

*YA NO ERES IMPOTENTE ANTE ELLOS, AHORA CUENTAS CONMIGO, YO VOY A CUIDAR DE TI.

*NO HAY NADA QUE TEMER.

Momento de reflexión

12*Ahora, muéstrale afecto a ese niño o niña, como te nazca hacerlo…un abrazo, un beso, el brazo por encima del hombro…

Estaros unos segundos disfrutando de ese cariño y de ése momento sagrado para los dos.

13*Pasados esos segundos, o minutos, le vas a decir que visualice una cestita de mimbre. Una cesta donde podrá depositar todos sus miedos, todo su dolor, sus bloqueos… y que una vez estén en esa cesta, se lo entregaremos al agua de la playa, o del río, como hacen en la India con sus ofrendas y peticiones.

El agua del río, ó el mar, arrastrarán consigo todo lo depositado en esa cesta, y se irán para siempre, desde el AMOR.

14*Tomaros de nuevo unos minutos para contemplar como poco a poco, esa cesta se va alejando con la corriente, hasta hacerse cada vez, más minúscula y desaparecer.

Agradecéis por tan gratificante experiencia.

15*Ahora, coge a tu niño o niña de la mano, y llévatelo a tu hogar actual, siempre que sea un lugar armonioso, un lugar seguro, y de una energía diferente a la de tu infancia, alejado de lo que tu niño vivió entonces.

16*Entra con él o ella en tu casa actual, y muéstrale los diferentes espacios dónde vives. Muéstrale tu hogar, vuestro hogar…

Es un lugar seguro, armonioso y amoroso.

17*Ahora, ha llegado el momento de despedirse de tu niño por el momento. Dile que volverás siempre que te necesite.

Ya nada os va a separar.

18*Coge a tu niño o niña en tu mano, y colócalo ahí. Ves reduciéndolo a un tamaño, que lo puedas colocar en tu corazón, y déjalo descansar ahí.

Ahora ya estáis juntos, todo está bien, y a partir de ahora, vas a disfrutar de la vida junto a tu niñ@.

19*Vas a poner las manos en tu pecho, y le vas a decir: "LO SIENTO, PERDÓNAME, GRÁCIAS, TE AMO", (X 3 VECES).

20*Y ahora, tú, como adulto, te vas a decir: "LO SIENTO, PERDÓNAME, GRÁCIAS, TE AMO", (X 3 VECES).

21*Permítete estar unos segundos integrando el maravilloso trabajo que acabas de hacer con tu niño o niña, y con tu YO adulto.

Momento de reflexión

"LO SIENTO, PERDÓNAME,
GRACIAS, TE AMO".

Gracias... Gracias... Gracias.

CUARTA CLAVE:

CARTA DE COMPROMISO CON TU NIÑ@

Es una de nuestras misiones en esta vida, como adultos, Sanar a Nuestro Niño Interior.

Este ejercicio que ahora os propongo, es un ejercicio precioso, que para mí, va unido al ejercicio anterior de la Meditación de HO'Oponopono, y Sanación del Niño Interior.

Yo, no concibo un ejercicio sin el otro, ya que, siento que se complementan, y éste es, un "sello" para el otro anterior.

Vas a buscar una fotografía de cuando tenías 6 años. La primera fotografía con esa edad que veas que te hace vibrar, ¡ESA!, no dudes, la primera sensación que has tenido es el mensaje del ALMA, el resto es la mente intentando convencerte y desviando tu atención, para que te disperses y si puede distraerte, para que te vayas a otra cosa mariposa, mejor, ¡NO CAIGAS EN LA TRAMPA DE TU MENTE, Y ESCUCHA TU INTUICIÓN!

Como te decía, una vez tengas esa fotografía, vas a coger unos minutos para ti, y te vas a sentar en un lugar cómodo, tranquilo, donde no haya distracciones y puedas estar a gusto contigo mism@.

¡PERDÓN!

Antes de sentarte, coge unos folios en blanco, y un bolígrafo y algo donde apoyarte para escribir.

Puedes ponerte una velita blanca o rosa, incienso, e incluso música muy flojita de fondo relajante.

¡OJO! ¡NO TE DISTRAIGAS BUSCANDO MÚSICA, LA PRIMERA QUE SIENTAS!

Una vez tengas todo contigo, se sientas de manera cómoda, y coges esa fotografía.

La vas a mirar durante unos minutos, vas a retroceder en los años, vas a sentir cada uno de los sentimientos que te vayan llegando y los vas a respetar con mucho AMOR.

No vas a juzgar esos sentimientos ni vas a entrar al trapo con ellos, tan solo, siéntelos y respétalos.

Mírate con AMOR.

Mírate con RESPETO.

Momento de Reflexión

174

Ahora, vas a comenzar a redactar una carta de compromiso con TU niño o niña, y lo vas a hacer desde el RESPETO, el AMOR INCONDICIONAL y la FIDELIDAD a ÉL Ó ELLA, de POR VIDA.

<u>POR EJEMPLO:</u>

(Os lo voy a escribir, como lo hice yo, ¿ok?)

Querida Nuria,

¿Cómo estás?

Hace muchísimo tiempo, años, que no hablaba contigo pequeña.

He estado "ocupada", "distraída", o mejor dicho, "dispersa", como tú sabes que soy.

Me he pasado mucho tiempo, sumergida en mi propia distracción, perdida en el ritmo que la sociedad nos marca y dormida o anestesiada, diría yo, de todo lo vivido en nuestra infancia.

Ahora, soy consciente de todo ello, y por eso, he decidido tomar las riendas de mi vida como ser adulto, y ser responsable de mis heridas emocionales, dónde entre ellas, te encuentras tú.

Te veo en esta fotografía, y me doy cuenta de lo bonita que eres por dentro y por fuera. Eres un Ángel en la Tierra, inocente, llena de Amor y de muchísima Luz.

Soy consciente, de que hemos arrastrado muchos años de sufrimiento, pero ni tú, ni yo, sabíamos o no teníamos la información correcta para poder solucionar nuestro sufrimiento.

Lo hicimos nuestro, como algo normal, pero ahora, como todo es perfecto y todo llega a su debido momento, y cuando estamos preparados, estoy aquí, para que esta etapa quede sellada como una carta, como esta carta de compromiso entre TÚ Y YO.

El momento es AHORA, y es perfecto.

Perdóname si en algún momento te hice daño, y perdóname por todo este tiempo que no he sabido escucharte, porque no era consciente de ello.

A partir de ahora, te voy a escuchar con atención y nos reuniremos, siempre que lo necesites, ahora estoy ALERTA, DESPIERTA.

TODO ESTÁ BIEN AQUÍ Y AHORA.

LO SIENTO, TE AMO TANTO…

GRACIAS, GRACIAS, GRACIAS, POR TODO EL APRENDIZAJE MI PRINCESA.

GRACIAS, GRACIAS, GRACIAS, ALMA BELLA.

Esta es la carta que yo le escribí a mi niña, para que os sirva de guía.

**¡AHORA TE TOCA A TI, ALMA BELLA…
DISFRÚTALA!**

QUINTA CLAVE:

MEDITACIÓN DE PERDÓN DE TU NIÑ@ INTERIOR A: TU PADRE, TU MADRE, TU HERMANO, AMIG@, U OTRA PERSONA.

Todos arrastramos de la infancia, algún trauma o situación que no hemos perdonado, con nuestro padre, nuestra madre, nuestro hermano o hermana, algún compañero del colegio, algún amigo, con algún abuelo o abuela, algún familiar, etc…

Para ir sacando lastre como adultos y no arrastrar demasiada basura para nuestro futuro próximo, lo ideal es, llevar la mochila emocional lo más ligera posible.

Cuanto más ligera y liviana, mejor calidad de vida tendremos y mejor salud emocional y física.

Una vez que hemos sanado nuestro niño interior, y hemos dado ese gran paso, ¿por qué no seguir haciendo ese trabajo de perdón, con el resto de personas que forman parte de nuestra vida, para así sanar esas heridas, y ser un adulto más libre de sufrimiento y feliz?

Esta meditación que ahora os propongo, es una meditación de sanación, que realizo en mis terapias y que la verdad, tiene muy buen resultado.

Os voy a guiar, tal y como hice con la Meditación de Sanación de tu Niño Interior con Ho'Onoponopono.

"ESTAR EN PAZ CON NOSOTROS MISMOS Y CON LOS DEMÁS, ES LA MANERA MÁS AMOROSA, DE ALLANAR NUESTRO CAMINO A LA FELICIDAD PLENA DE NUESTRA VIDA Y NUESTRO PROPÓSITO".

Nuria Candelas Ruiz

VAMOS A ESA MEDITACIÓN
ALMA BELLA:

1*Para esta meditación, vas a coger una vela blanca, una barita de incienso, y vas a escoger un lugar cómodo, tranquilo y que te pueda proporcionar el mayor silencio posible. Si lo deseas, puedes ponerte música de fondo flojita, una música relajante, de sonido de pájaros, naturaleza, agua, etc…

2*Una vez hayas hecho todo lo anterior, te vas a sentar en una posición cómoda y vas a cerrar los ojos.

3*Vas a hacer tres respiraciones profundas, cogiendo aire por la nariz, y soltando por la boca.

Cuando yo realizo estas respiraciones, me imagino, que el aire que cojo por la nariz es un aire de una energía blanca renovadora, y que el aire que suelto por la boca, es un aire tóxico, de situaciones, emociones y cosas que no quiero en mi vida y quiero dejar ir.

Dijéramos que, inhalamos frescura, renovación, aire nuevo… y exhalamos, lo que no queremos en nuestra vida, y lo dejamos ir.

4*Ahora, te vas a colocar tus dos manos, con las palmas abiertas, en tu tercer chacra, que está situado dos dedos por encima de tu ombligo.

5*Vas a ir hacia tu interior y vas a hacer una introspección, lo que significa, que vas a hacer un escáner interno de tu estado emocional. Te vas a escuchar, respetar y no vas a juzgar nada de lo que sientas ni pienses. Todo es perfecto y todo está bien.

Te vas a preguntar, cuál es la emoción que por el paso de los años, persiste en tu interior, y te cuesta tanto gestionar. Esa emoción que se repite constantemente, en tu día a día y te quita tu paz interior en numerosas ocasiones.

6*La primera emoción que te venga, el primer nombre, ¡ESA ES LA VERDADERA! ESA ES LA QUE PROVIENE DEL MENSAJE DE TU ALMA. El resto, que vengan después, provienen de la mente, el razonamiento y el EGO.

7*PERFECTO…. Ahora que ya tienes identificada esa emoción, siéntela… no la reprimas, no frenes su proceso ni lo alteres.

Esa emoción, te va a llevar al momento o situación, dónde la sentiste por primera vez.

Retrocede en el tiempo, con calma, sin prisa… y recuerda e identifica, cuándo fue la primera vez, que sentiste esa emoción.

¿Qué edad tenias?

¿Dónde estabas en ese momento? En tu casa, en el colegio, en la calle, etc…

Intenta recordar, qué ropa llevabas, el calzado, peinado,…

¿Qué olores sentías? ¿A qué olía ese momento?

¿Con quién estabas?

Esa emoción, es rabia, ira, impotencia, soledad…

Identifícala con AMOR, y deja que se exprese.

Momento de reflexión

8*Ahora, vas a enmarcar esa escena, como si se tratara de una fotografía enmarcada. Vas a envolver esa imagen en un marco precioso de luz blanca.

9*Cada uno de vosotros, vais a dirigiros a esa persona, o ser querido, ya sea: tu padre, tu madre, tu hermano, o con quien sea, que te producía esa emoción en ese momento.

Os pongo de ejemplo mi caso. Yo, conecté con el sentimiento de soledad, de no sentirme escuchada, y sentirme invisible, vulnerable y sola en el mundo.

Cuando visualicé mi imagen, y la enmarqué en el marco de luz blanca, me dirigí a mi madre y a mi padre, porque sentía que a través de ellos, o ellos, me hacían sentir esa emoción de soledad.

Mis palabras a ellos, fueron: "Aquí y ahora, YO NURIA, vuestra hija, me dirijo a vosotros, para haceros saber cómo me he sentido durante todos estos años. Un sentimiento de soledad, me ha acompañado hasta la actualidad, haciéndome sentir mal, conmigo misma, con la vida y con vosotros.

Ahora y aquí, como ser adulto y junto a mi NIÑA IN-TERIOR, os digo, papá y mamá, que he llegado al conocimiento y la conciencia DIVINA, de llegar a la comprensión de entender e integrar desde el respeto y el AMOR, que todo lo que hicisteis, lo hicisteis de la mejor manera que supisteis en ese momento.

Comprendo e integro, desde la conciencia, que no pudisteis hacerlo mejor, porque a vosotros no os lo enseñaron tampoco, y que, alguien no puede com-partir algo o enseñar algo, que no sabe o no recibió en su vida.

Me demostrasteis en cada momento vuestro AMOR, a vuestra manera, como sabíais hacerlo, ni mejor ni peor, como podíais.

Ahora comprendo, que en vuestra infancia fue muy difícil aprender a amar, ya que, la dificultad de las situaciones, y el salir adelante, era la prioridad en ese momento. Vuestros padres, ya tenían suficiente con sacaros adelante y alimentaros. Su economía era muy escasa, y las situaciones no eran fáciles, era otra vida, otra conciencia, y todo está bien.

Vuestros padres no os enseñaron, a decir TE QUIE-RO, ni a tener muestras de cariño hacia los demás y menos a vosotros mismos.

Desde esa comprensión, aquí y ahora, integro esa VERDAD, y rectifico todo sentimiento de odio, rabia, ira, enojo y rencor, hacia vosotros durante todo este tiempo, porque SÉ QUE LO HICISTEIS LO MEJOR QUE PUDISTEIS, Y EN LA ACTUALIDAD, ME HABÉIS MOSTRADO Y COMPARTIDO VUESTRO ARREPENTIMIENTO.

Solo puedo actuar con AMOR hacia vosotros, y enseñaros y compartir AMOR. Mi obligación es AMAROS Y RESPETAROS, y enseñaros el mensaje del AMOR.

Y DECIROS:

*YO NURIA, TE DIGO A TI, MAMÁ: ***LO SIENTO, PERDÓNAME, GRACIAS, TE AMO,*** (Y TOMO UNOS SEGUNDOS PARA SENTIRLO E INTEGRARLO, CON LAS DOS MANOS PUESTAS EN MI CHAKRA CORAZÓN).

*YO NURIA, TE DIGO A TI, PAPÁ: ***LO SIENTO, PERDÓNAME, GRACIAS, TE AMO,*** (TOMO UNOS SEGUNDOS PARA SENTIRLO E INTEGRARLO EN MI CHAKRA CORAZÓN).

* YO NURIA, ME DIGO: ***LO SIENTO, PERDÓNAME, GRACIAS, TE AMO,*** (TOMO UNOS SEGUNDOS PARA SENTIRLO E INTEGRARLO EN MI CHAKRA CORAZÓN)".

10* Ahora, vas a coger esa imagen, la vas a envolver en una esfera blanca de luz pura, como si de un globo se tratara, y una vez envuelta en esa luz, vas a coger ese globo y lo vas a soltar hacia el Universo. Lo vas a ver ascender, y cada vez lo vas a ver más lejos y más pequeño, y cada vez más pequeño, hasta que ya, por fin, no lo veas.

Esa imagen se ha dispersado en el Universo, y se ha desvanecido para siempre. Una sanación interior, se ha producido en ti, al dejar ir y SOLTAR, esa situación que ya no tenía lugar aquí en tu vida, AQUÍ Y AHORA.

11* AGRADECERTE GUERRERO DE LUZ, LA VALENTÍA QUE HAS TENIDO PARA HACER ESTE MARAVILLOSO TRABAJO DE PERDÓN, DE SOLTAR Y DEJAR IR, PARA DEJAR ESPACIO A ALGO TAN SAGRADO QUE ES EL AMOR.

"AQUÍ Y AHORA, TODO ESTÁ BIEN, AQUELLO YA PASÓ."

"AQUÍ Y AHORA, TODO ES PERFECTO Y TODO ESTÁ EN PERFECTA ARMONÍA".

GRACIAS, GRACIAS, GRACIAS.

¡EXCELENTE TRABAJO ALMA BELLA!

SEXTA CLAVE:

CREA EL CUADRO DE TUS SUEÑOS.

Querido y AMADO lector, una vez llegados a éste punto, sólo os puedo decir: ¡ENHORABUENA VALIENTES!

En el momento que decidí integrar el "CUADROS DE TUS SUEÑOS" en mis Talleres, fue porque, considero tan mágico crear esta herramienta cómo, la manera de desarrollarla, me explico.

Cuando somos niños, no hacemos si no que soñar despiertos, ¿es así?, ¿o me equivoco?

Raro es el niño que no dice con cuatro años, o cinco ó seis:"yo de mayor, quiero ser bombero. O yo de mayor, quiero ser Astronauta para poder llegar a la luna. O la niña que dice: "yo de mayor quiero ser peluquera, como la señora que peina a mi madre, y tener un centro de estética donde poder maquillar a las mujeres que vengan y ponerlas más guapas. O yo de mayor, quiero ayudar a los niños desfavorecidos."

Así podría estar nombrando, miles y miles de profesiones soñadas cuando somos pequeños. Al igual, que soñamos con cientos de cosas materiales que nos gustaría tener en ese momento, o cuando seamos adultos y que formaran parte de nuestra vida.

Yo de pequeña, soñaba con ser Enfermera o Similar, algo que tuviera que ver con ayudar a otras personas. Me imaginaba siempre rodeada de personas de distintas parte del mundo, y viajando de aquí para allá, haciendo voluntariados a Otros países más necesitados. También pedía un avión privado, claro está, para no tener que depender de nadie a la hora de iniciar un nuevo viaje a un nuevo destino.

Pedía una casa en el campo, donde pudiera plantar mis patatas y mis fresas, mi fruta favorita, y que aparte, pudieran venir todos los gatos que quisieran a comer y tener varios perros que no tuvieran hogar. Vamos, que mi casa estaría abierta a los más vulnerables, los animales de la calle. Me imaginaba también, una chica guapa, rubia, de ojos claros, pelo muy largo y de una sonrisa eterna.

Como yo, muchos de vosotros, todos estos sueños, seguramente se fueron difuminando con el paso del tiempo, porque entre impacto emocional de sufrimiento e impacto emocional de sufrimiento, pasaba poco tiempo entre medio que te dejara soñar, y cada vez menos.

Te dabas cuenta, de que conforme pasaban los años, tus sueños los veías más lejanos y más difíciles de conseguir. Te dabas cuenta, de que la vida, era muy dura y que ganar el dinero costaba muchísimo

trabajo y muchas horas. Te dabas cuenta, del trabajo y esfuerzo que les costaba a tus padres conseguir algo material, o un capricho, o simplemente lo que costaba llegar a final de mes.

Con el tiempo, te parabas a pensar, que quizás todo lo que soñabas de pequeño, nunca se manifestaría en tu vida, porque la realidad que tu vivías era otra, y quizás, solo eran sueños.

Con los años, fuimos cogiendo cada vez más responsabilidades, lo que significaba, tener obligaciones que cumplir sin salirte del molde del sistema y de la sociedad.

Empezamos a trabajar, en mi caso siempre estudiaba y trabajaba al mismo tiempo y me quedaba muy poco tiempo de ocio. Eso, ya hacía mis sueños todavía más imposibles y lejanos, ya que, estaba tan ocupada siempre, y tan distraída con estímulos varios, que mis sueños, habían perdido el protagonismo.

¿SABEIS CUANDO RE-CONECTÉ CON MIS SUEÑOS?

Cuando empecé a trabajar mi parte espiritual.

Fue ahí, cuando conecté con la esencia de mi ALMA. Fue ahí, cuando después de ir quitando capas, y capas a la cebolla emocional de cargas que llevamos, que fui recuperando mis ganas de soñar. Gracias a esa cebolla que tanto me hizo llorar, de tantas falsas capas que tenía, fui encontrándome a mi misma otra vez, sin dar credibilidad a lo que estaba viviendo... **¡¡¡Cómo un ser humano, puede llegar a arrastrar tantas cargas emocionales, Dios mío!!!**

PERO LO PEOR DE TODO, ES QUE LAS HACEMOS NUESTRAS, LAS PERSONALIZAMOS Y TODO... ¡SÓLO FALTA QUE LAS PATENTEMOS Y CREEMOS UNA MARCA PROPIA, POR FAVOR!

Horroroso y muy triste me sentí, sinceramente cuando llegué a ese punto de tomar conciencia de la amarga realidad vivida, y lo peor de todo, es que nos creemos que la vida es normal vivirla así. Creemos que lo que no es normal, es vivirla feliz, sonriente, con mucho dinero, con un cargo importante, etc...

Conforme pasó el tiempo, y lloré todas mis penas, como dice la canción de "David Bisbal", fue cuando conecté con mi niña Interior sin saber que estaba ahí, esperando a que su Nuria adulta, de una vez por todas, se decidiera a volver a reencontrarse con ella, después de tantos años.

¡IMAGINAROS COMO ESTABA MI NIÑA DESPUÉS DE TODO LO VIVIDO!

Me la encontré enfadada, con rabia, impotencia, con una pataleta de la ostia, con muchos miedos, con muchísimo sentimiento de soledad y de abandono, pero también se alegró muchísimo de que nos volviéramos a encontrar, lloró de alegría y de tristeza, pero también saltaba como una loquita de felicidad, de ver que, por fin, ya nunca más estaría sola, y que, por qué no, ahora podía ser el momento de poder materializar esos sueños y volver a soñar como antes.

Me costó unos años sanar a mi niña, como ya sabéis. Lloré muchísimo para sanarla, se abrieron heridas que estaban enquistadas, desterré muertos y sombras que yo pensaba que estaban enterrados y olvidados, e incluso, toqué llagas expresamente, para sentir el dolor de nuevo y poder perdonarlo, transmutarlo y trascenderlo, desde el perdón y el amor.

Algunos pensarán que eso es ser masoquista, pues no, es muy necesario para poder sanar y que la herida cicatrice, sana, sin que queden marcas de guerra.

Cuando mi niña interior salió a flote, tuve que incluso pararla un poquito, porque claro está, está muy bien sacarla a pasear y vivir con ella, pero, había estado tanto tiempo esperando, que la energía que tenía, había que fraccionarla y canalizarla para no llegar a un desfase, claro está. En una palabra, el equilibrio está cuando desde el adulto que somos, se disfruta con la inocencia del niño y la alegría, y a eso le sumas la madurez y la experiencia de adulto, eso es la BOMBA.

Fue en ese instante, cuando mi imaginación volvió a volar, y cuando decidí volver a identificar mis sueños dormidos, los nuevos sueños y los que estarían por descubrir.

Yo siempre he tenido claro mi PROPÓSITO DE VIDA, DESDE PEQUEÑITA, pero no sabía desde que punto de inicio tenía que empezar a gestionarlo para que se manifestase.

Un día, una amiga me recomendó una muy buena herramienta, que te aporta muchísima información de gran interés, y te sirve como guía y brújula de vida. Esta herramienta es la CARTA NATAL.

Susana, que así se llama la señora que me hizo mi Carta Natal, fue una profesional como la copa de un pino. Un Ser Maravilloso lleno de LUZ Y AMOR, que con toda delicadeza y cariño, supo hacer un excelente trabajo y traspasarme una información para mi mayor bien, y mi crecimiento personal y espiritual.

Le recomiendo a toda persona que esté perdido en algún momento de su vida o bloqueado, o simplemente, no sepa qué dirección tomar, que se haga la Carta Natal, ya que le servirá de gran ayuda, como a mí me la fue.

Entendí muchas cosas, entre ellas, el porqué querer estar continuamente aprendiendo cosas nuevas, que tuvieran que ver con la espiritualidad y el crecimiento, de hecho, me pasé 10 años estudiando diferentes técnicas, herramientas, terapias, fui a talleres, retiros, conferencias, y un sinfín de cosas, que cada vez, me colocaban más lejos del significado real de lo que hemos venido a trabajar todos los Seres Humanos a la Tierra, que es el AMOR.

Porque os digo una cosa, el EGO ESPIRITUAL es la repera limonera y se filtra de una manera muy sutil haciéndonos sentir por momentos, que somos los salvadores, los que vamos a resolver el conflicto de la humanidad y nunca más lejos de la realidad, y creemos que cuanto más gente viene a nosotros a pedirnos ayuda, más salvadores e imprescindibles somos.

Señores, trabajemos más la humildad y seamos realistas, aquí el ÚNICO MAESTRO en la Tierra que salvó a la humanidad, fue nuestro AMADO MAESTRO JESÚS, que con su ejemplo manifestando su AMOR INCONDICIONAL por todos sus hermanos, aun colgado ya en la cruz a la hora de su muerte, unas de sus últimas palabras fueron: *"PADRE, PERDÓNALOS PORQUE NO SABEN LO QUE HACEN"*.

Pues yo descubrí que a esta Tierra hemos venido a trabajar el AMOR, en una de mis últimas formaciones en REIKI KARUNA, (KARUNA ES UNA PALABRA QUE PROVIENE DEL SÁNSCRITO Y SIGNIFICA COMPASIÓN, Y SE REFIERE A LAS ACCIONES DIRIGIDAS A ALIVIAR EL SUFRIMIENTO DE LOS DEMÁS).

Con ese aprendizaje recibido en dicha enseñanza recibida, reafirmé el mensaje de nuestro querido y AMADO MAESTRO JESÚS.

Este sentimiento y aprendizaje, más el resultado de mi Carta Natal, me afirmaron muchas cosas y sueños que tenía que poner en marcha, para mi PROPÓSITO DE VIDA.

En mi carta, se reafirmaba aún más, que había venido a ayudar a otros de diferentes maneras, con enseñanzas y de manera directa atendiendo y cuidando a una gran variedad de personas. Susana me dijo: "Nuria, tu PROPÓSITO EN ESTA VIDA, ES UNA VIDA AL SERVICIO. Vas a tener varios trabajos en los que vas a realizar funciones de atención directa a las personas más vulnerables de éste colectivo. Y así fue.

Acordaros que hice voluntariado con personas con discapacidad física, trabajé 10 años de mi vida en una Residencia de personas con Discapacidad Física y Psíquica, en Residencia de Ancianos, Centros Médicos, Servicios Sociales, de Trabajadora Familiar, Terapeuta, y ahora escritora y Autora, ¿os lo podéis creer?, todo ello enfocado a ayudar a otros.

Me dijo, que toda la curiosidad por aprender, y hacer tantos cursos, talleres, etc… era porque en otra vida, había sido un Maestro Budista que impartía sus enseñanzas a sus Hermanos, y que esa memoria celular, estaba ahí latente. Ahí entendí porqué me llama tanto la atención todo lo referente al Budismo, y tengo mi casa decorada con Tankas Budistas y Budas.

Me dijo que trabajaría con grupos de niños y les traspasaría una enseñanza, y así fue. Impartí clases de Yoga para niños, Yoga en Familia y Sonoterapia.

Me dijo también, que me empezara a plantear escribir y compartir parte de lo aprendido, para que quedara UN LEGADO Y FUERA MI PROPÓSITO DE VIDA, EL AYUDAR A OTROS CON MI EXPERIENCIA DE VIDA.

En ese momento, dije: ¿YO ESCRIBIR?, ¡Si no tengo ni idea de qué tengo que hacer y cómo empezar! ¡Ni tampoco se me pasa por la cabeza qué escribir y sobre qué tema!

Pero con el tiempo, sí que vi, que tenía muchísimo que compartir con el resto de mis Hermanos de Luz, y que sería muy egoísta por mi parte, si no compartiera información que a mí me ayudó tanto en su momento para sanar a mi niña.

Sería muy egoísta no compartir estas 7 MARAVILLO-SAS HERRAMIENTAS DE SANACIÓN, que tanto me ayudaron a mí. Y hubiera sido muy egoísta, en no haber escrito este libro, que con seguridad, servirá en muchas generaciones futuras para ayudar. Porque sentir que una frase, una palabra, una herramienta, pueda cambiarle la vida a alguien, eso es...MARAVI-LLOSO Y ALGO MUY GRANDE.

Que satisfacción poder morir, o mejor dicho, dejar este plano Terrenal y físico, dejando un LEGADO LLENO DE AMOR PARA LA HUMANIDAD. QUÉ PAZ...

Toda la información de mi Carta Natal, cobró sentido real en mi vida, y pensé... ¡ya estás tardando en ponerla en práctica y reanudar tus sueños!

Y así fue, como empecé a crear mi **"CUADRO DE LOS SUEÑOS"**.

El primer paso, fue recopilar toda la información de interés para mí, y recordar y refrescar memoria de mi niña y sus sueños, y una vez hecho ese paso, unificarlo todo al momento actual y crear así MI CUADRO DE LOS SUEÑOS. Ahora, como en las anteriores veces, os voy a indicar los pasos a seguir, para ayudaros a realizar vuestro CUADRO DE SUEÑOS.

CÓMO REALIZAR TU CUADRO DE LOS SUEÑOS:

 ### PRIMER PASO:

Coge una libreta y un bolígrafo y disponte a hacer una lista, de 10 sueños o deseos a cumplir. Los vas a escribir según la prioridad que tenga tu sueño o deseo. Por ejemplo, si para ti, el primer sueño que te gustaría cumplir, es hacer un viaje a Japón, pues apúntalo en el primer lugar.

Seguidamente, en el segundo lugar de tu lista, apuntarás el segundo sueño a cumplir, que puede que sea, tener dinero para poder viajar por el mundo, pues lo pones en el segundo lugar de tu lista, y así, sucesivamente hasta completar tu lista con los 10 deseos.

Al principio, puede que te pase que no te venga ningún sueño o deseo a tu mente, y es normal que te pase, ¿sabes por qué?, porque como te explicaba antes, hemos estado mucho tiempo adormecidos y anestesiados por el sufrimiento, las memorias, y el ritmo de vida de esta sociedad, como robots programados, y se nos ha "borrado temporalmente", algo tan maravilloso como el soñar y desear que algo especial ocurra. Pero te puedo garantizar, que cuando tu imaginación se suelte, no va haber quien la vuelva a parar, ¡puede ser que hasta te falten hojas!.

SEGUNDO PASO:

Por cada sueño o deseo, tienes que ponerle a cada uno de ellos, una frase afirmativa conforme ese sueño, ya lo tienes materializado.

Por ejemplo: "Gracias por este magnífico viaje a Japón, que voy a disfrutar tanto".

Otro ejemplo: "Gracias por este dinero, que me ayuda a poder viajar".

Así, sucesivamente con todos los sueños.

 ## *TERCER PASO:*

Coge una cartulina de un color que te guste, o un marco de fotos de estos tan chulos que venden hoy en día, y dedícalo a realizar éste ESPECTACULAR CUADRO DE SUEÑOS.

 ## *CUARTO PASO:*

Métete en tu buscador "Google", y busca las imágenes lo más exactas posibles, que tienen que ver con tus sueños.

Por ejemplo: Si lo primero que quieres hacer, es el viaje a Japón, busca un par de imágenes, dónde salga exactamente el destino de Japón que quieres visitar, máximo dos imágenes para que la energía quede más concentrada.

Así, de esa manera, hazlo sucesivamente con el resto de los sueños.

ES MUY IMPORTANTE, QUE BUSQUES TAMBIÉN UNA FOTOGRAFÍA TUYA, EN LA QUE ESTÉS SONRIENDO Y TE TRAIGA BUENA VIBRACIÓN, PARA IMPRIMIRLA TAMBIÉN CON EL RESTO DE IMÁGENES.

Esas imágenes, las guardas en una carpeta que te harás con el nombre: "CUADRO DE LOS SUEÑOS", y cuando las tengas todas, las imprimes.

 ## *QUINTO PASO:*

Ya tienes todo el material que necesitas. Ahora lo que toca es, montarlo.

Coges primeramente tu fotografía, y la pones en el centro del Cuadro de Sueños. ¡Tú, eres el protagonista de ese cuadro!

El resto de imágenes, las vas a poner de izquierda a derecha, según el orden de prioridad, y con su frase afirmativa debajo de cada imagen. Así, hasta completar todo el cuadro.

Lo vas a colocar en un sitio dónde puedas verlo varias veces al día y puedas subir tu vibración energética al visualizar esas imágenes. (Yo por ejemplo, lo tengo en mi despacho, frente a mí, donde escribo y trabajo a diario).

Lo ideal, es que, cada noche antes de ir a dormir, cojas 10 minutos y te sientes ante tu cuadro de sueños, a visualizarlo atentamente, imagen por imagen, y que en cada imagen te pares, agradezcas y sientas que ya lo tienes. Esa vibración, va a ir contigo a la hora de irte a la cama, y te vas a dormir con esos pensamientos tan positivos para ti.

Al hacer este ejercicio diario, vas a conseguir subir tu vibración personal, y eso te ayudará a manifestar tus deseos, porque cuando vibras alto, te abres portales de BENDICIÓN, Y TE ABRES A RECIBIR.

¡ATRÉVETE A SER FELIZ Y DARTE TODO LO BUENO QUE TE MERECES!

¡SUELTA TUS RIENDAS DE LA IMAGINACIÓN!

¡SACA TU NIÑ@ A SOÑAR DESPIERTO!

¡RECUERDA, QUE NUNCA DEJASTE DE SER NIÑ@, SÁCALO A PASEAR!

Y RECUERDA ALGO MUY IMPORTANTE: "NO HAY NADA MÁS BONITO, QUE SER UN ADULTO CON EXPERIENCIA, Y LA INOCENCIA DE UN NIÑO"

NURIA CANDELAS RUIZ

SÉPTIMA CLAVE:

GRATITUD.

Querido lector, ¡¡¡GRACIAS, GRACIAS, GRACIAS, POR HABER LLEGADO HASTA AQUÍ!!!

¡¡¡Has sido un GUERRERO DE LUZ MUY VALIENTE!!!

Considero de gran importancia, sellar estas 7 CLAVES, con algo tan MARAVILLOSO COMO LA GRATITUD. En la Gratitud, está la ABUNDANCIA EN TODAS LAS COSAS, AUNQUE NO LO CREAMOS.

Quiero compartir con vosotros, una pequeña disciplina, que hago a diario, y que me está ayudando muchísimo, a subir mi vibración energética y realmente, me está abriendo muchos portales de oportunidades, conocimiento y sabiduría.

PRIMERO: Lo primero que debemos hacer al abrir los ojos cada mañana, es dar las GRACIAS por un día más. Por una oportunidad más de poder crear mí destino, mi propósito y proyectar mi vida a mi favor.

¡AGRADECER ESE CHEQUE DE 24 HORAS QUE NOS REGALA ESE MARAVILLOSO DÍA!

SEGUNDO: Decir: "Gracias por lo que tengo", y mirar a tu alrededor, e ir nombrando cada cosa importante para ti, que te rodea y tienes en ese momento de tu vida.

TERCERO: Decir: "Gracias por lo que SOY". Y vas a decir, YO SOY LUZ, YO SOY AMOR, YO SOY UN SER DE INFINITA ENERGIA, Y LE PIDO, A MIS GUÍAS ESPIRITUALES DE LUZ, QUE ME GUÍEN DURANTE ÉSTE DÍA.

CUARTO: "Gracias por todo lo que está llegando a mi vida, en forma de BENDICION INFINITA, respecto a la SALUD, EL DINERO Y EL AMOR. AQUÍ Y AHORA, ME ABRO A RECIBIR LA ENERGÍA INFINITA DE LAS TRES AREAS MAESTRAS DE LA VIDA".

QUINTO: Ante un conflicto, enfado, problema o situación discordante o que te incomode, vas a decir: "Gracias, porque en mi vida no existen los PROBLEMAS, existen LAS SITUACIONES A RESOLVER, y si hay algo o alguna emoción que me afecta, GRACIAS, porque de dicha situación o emoción tengo algo que aprender, para mi PROPIO BIEN Y EVOLUCIÓN AQUÍ EN LA TIERRA, GRACIAS,GRACIAS,GRACIAS.

SEXTO: Agradezcamos por los padres que escogimos, por los hermanos de sangre, por los amigos, por los conocidos, por todas las personas que han pasado por nuestra vida, y por las que están, porque de cada uno de ellos, aprendemos algo mágico, que nos hace crecer y evolucionar como SERES INDIVI-

DUALES EN UN COLECTIVO, QUE AL FINAL, SE RE-SUMEN EN QUE SOMOS UNO.

<u>SÉPTIMO:</u> Agradece por todas las comodidades que tienes, por el sofá de tu casa, que tanto agradeces al llegar agotado de trabajar. Agradece ese plato de comida que tienes a diario en la mesa. Agradece el agua caliente que sale por tu ducha.

Agradece la cama confortable que tienes para descansar cada noche, y así, el centenar de cosas que tienes a diario y a veces, no somos conscientes porque lo damos por hecho que tienen que estar ahí.

Agradece, por esos cinco sentidos que tenemos desarrollados y nos ofrecen experiencias maravillosas, como: el olfato, el gusto, el tacto, la vista y el oído. Y como no, por el sexto sentido: *"NUESTRA BRÚJULA DEL ALMA, NUESTRA GUÍA DE VIDA…LA QUE NOS CONDUCE AL CAMINO DE NUESTRA FELICIDAD PLENA"*.

Si estos pasos, los vas integrando a diario, te puedo asegurar que tu vibración va a cambiar a marchas forzadas y eso hará que tu vida, tu salud y tus relaciones, cambien en positivo. Porque comenzarás a vibrar en otra frecuencia.

No hagas caso de nada de lo que he dicho en éste libro, simplemente, compruébalo *POR TI MISMO Y YA VERÁS, COMO TODO, EMPIEZA A MANIFESTARSE EN TU VIDA, A TU FAVOR*.

Sin más que decirte, por ahora, y esperando haberte sido de grandísima AYUDA, mi querido lector, espero y deseo que durante la lectura de éste libro, que con tanto AMOR Y RESPETO, he escrito, hayas podido encontrar soluciones a algunos de tus bloqueos, conflictos, dudas, o emociones no resueltas.

No sabes, cuánto significa para mí, poder ayudar a alguien con una palabra, una frase, un ejercicio o una de las CLAVES, y que GRACIAS a eso, le pueda marcar un ANTES Y UN DESPUES EN TU VIDA.

Lo digo en primera persona, porque a mí, me ha pasado con varios Autores, y la verdad, eso no tiene precio. Esas personas maravillosas serán por siempre, BENDECIDAS POR MÍ.

Llegado a éste momento, que es el final de éste libro o GUÍA, me siento orgullosa de todo lo vivido hasta ahora, y lo Bendigo Eternamente, porque sin todas estas experiencias vividas, no hubiera sido posible llegar a: *PERDONAR, INTEGRAR, RESPETAR Y AMAR…Y LO MÁS BONITO, ¡LLEGAR A SOÑAR DE NUEVO!*.

Si somos conscientes de la importancia que tiene sanar a NUESTRO NIÑO, viviremos relaciones sanas empezando con nosotros mismos, con nuestros padres, familiares y amigos, y sobre todo con nuestras parejas de vida.

En mi próximo libro: "EL NIÑO INTERIOR HERIDO, Y LOS CONFLICTOS DE PAREJA", explico bajo mi propia experiencia y vivencia, el daño que puede hacer a una pareja los niños heridos sin sanar, y el SUFRIMIENTO que se arrastra en la relación, durante años y años, haciéndonos daño de manera involuntaria, e inconsciente, hasta llegar al punto de la ruptura, des-

pués de 25 años de convivencia. Esto, y otros muchos casos y ejemplos más, los compartiré encantadísima en mi próximo libro.

Daré también unas herramientas muy SIMPLES Y EFICACES, para que las puedas aplicar en tu día a día, y te ayuden a "DETECTAR" O "IDENTIFICAR", SI TU RELACIÓN PUEDE IR POR BUEN CAMINO, SI HAY ALGO QUE SE REPITE CONTINUAMENTE EN TUS RELACIONES, O SI TU RELACION SE PUEDE SANAR A TIEMPO, ENTRE OTRAS HERRAMIENTAS QUE NOMBRARÉ.

TE ESPERO DENTRO DE LAS PÁGINAS DE MI PRÓXIMO LIBRO, PARA SEGUIR AYUDANDO, EXPERIMENTANDO Y SOBRE TODO, AMANDO JUNTOS.

GRACIAS, GRACIAS,GRACIAS, MI QUERIDO LECTOR.

¡¡¡GRACIAS ALMA BELLA!!!

"Y COMO NO, LE TENGO QUE AGRADECER ETER-
NAMENTE, A LA NURIA (ADULTA), EL HECHO DE
DAR EL PASO A ESCRIBIR ESTE LIBRO-GUÍA, CON
TANTA VALENTÍA, SIN MIRAR ATRÁS, SOLO PARA
COGER IMPULSO CADA DÍA PARA ESCRIBIR, Y PO-
DER TRANSMITIR DESDE EL AMOR, PARA PODER
AYUDAR ASÍ, A MILLONES DE PERSONAS CON MI
GRANITO DE ARENA. PORQUE TU FELICIDAD HER-
MAN@, ES LA MÍA, ETERNAMENTE FIEL A TI."

"ME HUBIERA PERDIDO ALGO TAN GRANDE
COMO RECUPERAR MI NIÑA LINDA, A LA QUE EN-
TERRÉ UN DÍA EN VIDA, POR TANTO SUFRIMIEN-
TO, Y QUE AL CABO DE LOS AÑOS, RESCATÉ DE
LO MÁS PROFUNDO DEL LODO, SIN ESPERAR
ENCONTRARLA CON VIDA Y MENOS AÚN, CON
RECUPERAR LAS GANAS DE VIVIR.

ESA NIÑA, QUE ME DEVOLVIÓ LA ESPERANZA DE
NUEVO, QUE ME MIRÓ A LOS OJOS, Y ME DIJO:
TRANQUILA NURIA, YO TE PERDONO, TE QUIERO
Y TE AMO INCONDICIONALMENTE.

TODO ESTÁ BIEN, AQUÍ Y AHORA.

TODO ES PERFECTO, AQUELLO YA PASÓ."

NUNCA MÁS VAMOS A ESTAR SEPARADAS, POR-
QUE SOMOS UNA CON DIOS, Y EL AMOR INCON-
DICIONAL QUE SOMOS.

COJAMOS NUESTRAS MANOS, Y UNIFIQUEMOS NUESTROS CORAZONES, SINTONIZANDO EN LA FRECUENCIA DEL AMOR UNIVERSAL…

JUNTAS….POR SIEMPRE JAMÁS.

*Terapeuta holistica, en: "reiki usui, reiki karuna, masaje ayurveda y pindas terapéuticas, nutrición ayurveda, yoga para niños, sonoterapia,desprogramación celular".
Contrata tu sesión privada en la Web:
www.nuriacandelasruiz.com/ ó whatsapp: 636920639.

SÍGUEME EN MIS REDES SOCIALES

 Nuria Candelas Ruiz

 Nuria Candelas Ruiz

 Nuria Candelas Ruiz

 http://www.nuriacandelasruiz.com/

www.ingramcontent.com/pod-product-compliance
Lightning Source LLC
LaVergne TN
LVHW091705190726

843493LV00001B/162